ACCESO GRATIS ***a la Lectura en la Nube***

Para visualizar el libro electrónico en la nube de lectura envíe junto a su nombre y apellidos una fotografía del código de barras situado en la contraportada del libro y otra del ticket de compra a la dirección:

ebooktirant@tirant.com

En un máximo de 72 horas laborales le enviaremos el código de acceso con sus instrucciones.

POLÍTICAS PÚBLICAS SUBNACIONALES Y EL ANÁLISIS DE LA ESTRATEGIA DE DESARROLLO RURAL PARA EL FORTALECIMIENTO DEL CAMPO EN PUEBLA

POLÍTICAS PÚBLICAS SUBNACIONALES Y EL ANÁLISIS DE LA ESTRATEGIA DE DESARROLLO RURAL PARA EL FORTALECIMIENTO DEL CAMPO EN PUEBLA

FRANCISCO JOSÉ RODRÍGUEZ ESCOBEDO
Coordinador
ANDRÉ NOËL ROTH DEUBEL
Prólogo

tirant lo blanch
Ciudad de México, 2024

En caso de erratas y actualizaciones, la Editorial Tirant lo Blanch México publicará la pertinente corrección en la página web www.tirant.com/mex/

Esta obra fue arbitrada por pares académicos.

© EDITA: TIRANT LO BLANCH
DISTRIBUYE: TIRANT LO BLANCH MÉXICO
Av. Tamaulipas 150, Oficina 502
Hipódromo, Cuauhtémoc
CP 06100, Ciudad de México
Telf: +52 1 55 65502317
infomex@tirant.com
www.tirant.com/mex/
www.tirant.es
ISBN: 978-84-1197-660-2
MAQUETA: Disset Ediciones

Si tiene alguna queja o sugerencia, envíenos un mail a: atencioncliente@tirant.com. En caso de no ser atendida su sugerencia, por favor, lea en www.tirant.net/index.php/empresa/politicas-de-empresa nuestro procedimiento de quejas.

Responsabilidad Social Corporativa: http://www.tirant.net/Docs/RSCTirant.pdf

Índice

Tercera etapa del proceso de Políticas Públicas:
La implementación de las políticas

LUCETT GUADALUPE JIMÉNEZ MARTÍNEZ

LUIS ANTONIO ZAMITIZ ZAYAS

FRANCISCO JOSÉ RODRÍGUEZ ESCOBEDO

FRANCISCO GUILLERMO GUTIERREZ ORTEGA

Cuarta etapa del proceso de Políticas Públicas:
La evaluación de las políticas

ALMA PATRICIA ALUCI ALVARADO

FRANCISCO JOSÉ RODRÍGUEZ ESCOBEDO

GRETA CORTÉS ORTEGA

LUIS FERNANDO GONZÁLEZ ORTEGA

Programa de Recuperación del Campo Poblano. Componente I. Recuperación de la Cafeticultura Poblana implementado por la Secretaría de Desarrollo Rural en el estado de Puebla

EVELYN SOLIS LEÓN

FRANCISCO JOSÉ RODRÍGUEZ ESCOBEDO

Programa de Recuperación del Campo Poblano. Componente II. Reconversión Productiva para Cultivos de Alto Valor Comercial implementado por la Secretaría de Desarrollo Rural en el estado de Puebla

EVELYN SOLIS LEÓN

FRANCISCO JOSÉ RODRÍGUEZ ESCOBEDO

Prólogo

ANDRÉ-NOËL ROTH DEUBEL[1]

En las últimas décadas, el análisis de las políticas públicas ha tomado una importancia notable en América Latina. De la mano de los procesos de globalización neoliberal acelerada desde la década de los años 90 del siglo XX para reformar el Estado, en realidad para disminuir su papel interventor y regulador, el tema de las políticas públicas se ha expandido tanto en los discursos políticos y administrativos como en la academia. Como lo subraya el doctor Francisco José Rodríguez Escobedo en su Introducción, las políticas públicas pretendían ser, en contraposición a la planificación socialista, el instrumento para un modo de gobernar democrático, que debía demostrar su superioridad para ofrecer desarrollo económico y bienestar social a las poblaciones en el contexto de las democracias liberales. Con el colapso de los regímenes socialistas a finales de los años ochenta del siglo pasado, gobernar por políticas públicas se volvió un lema sin alternativa creíble para los actores políticos desde Tijuana hasta Ushuaia. En pocos años, subiéndose al tren de la modernización democrática neoliberal que recorrió América Latina, las instituciones educativas ofrecieron una multitud de formaciones posgraduadas en el tema y facilitaron la difusión de un nuevo cuerpo discursivo y de conocimientos sobre este arte de gobernar por políticas públicas entre académicos, actores políticos y administrativos. Se pretendía también que, a partir de un conocimiento (más) objetivo de los problemas, se podría avanzar en el proceso de racionalización de la actividad política aportando soluciones basadas en evidencias medibles y no en un apriorismo ideológico, lo cual debía generar también una mayor legitimidad para los regímenes políticos. Sin embargo, este proceso de despolitización de la política está

---

[1] Profesor investigador de la Universidad Nacional de Colombia, sede Bogotá.

hoy en día cuestionado y asistimos no solamente a un retorno del Estado ante el fracaso del mito de la eficiencia del mercado autorregulador, sino también a una repolitización de los datos, ya que éstos, como se dice, no hablan por sí solos. De modo que la política pública sigue siendo una especie de quimera conformada por dinámicas ideológicas, institucionales y de intereses cuyo peso respectivo varía según momento y lugar.

Uno de los principales conceptos que se popularizó en América Latina es claramente el de ciclo de políticas. De la mano de traducciones de textos clásicos norteamericanos y europeos y de algunos libros de texto, la literatura sobre políticas públicas, con su ciclo y fases, se ha enriquecido. Progresivamente, aunque de forma dispersa y fragmentada, estudios de casos latinoamericanos empezaron a mostrar desde esta nueva perspectiva la realidad de la manufactura de las acciones públicas en el contexto latinoamericano. De hecho, se está produciendo una gran cantidad de estudios de caso que se centran en una u otra de las fases del ciclo – producto de la exigencia académica de tesis de grado o de investigaciones universitarias.

Pero, es también frecuente que estos estudios se realicen en precarias condiciones materiales y de tiempo. Si se agrega a esto su relativa poca difusión y su carácter más que todo descriptivo, y con una débil integración nacional y regional del campo académico de las políticas públicas, este conjunto de estudios no ha permitido producir muchos avances o aportes académicos o científicos significativos al área disciplinar de las políticas públicas, ni tampoco a un conocimiento específico para América Latina, y tampoco muchos elementos para orientar la acción pública. En particular, la fase más crítica, la implementación, suele ser la menos estudiada precisamente por el arduo trabajo empírico *in situ* que implica. La metodología de los estudios de caso, por su naturaleza, tiende además a singularizar los procesos estudiados y el desarrollo de una dimensión comparativa de los procesos de políticas públicas para permitir acumular y agregar conocimientos, resulta difícil o precariamente aplicable. Para completar el cuadro, es de anotar también que el campo disciplinar, al tiempo que se globalizaba, se fragmentó con el cuestionamiento a sus fundamentos (neo)positivistas y por una verdadera y excesiva colonización del campo por parte de la disciplina económica entonces triunfante. La introducción de perspectivas cognitivas, deliberativas y constructivistas en el campo desde la década de los años noventa ha permitido su renovación. En este sentido, el campo se ha vuelto mucho más diverso en sus fundamentos epistemológicos, teóricos y metodológicos. Ahora bien, si el campo se enriqueció con una diversidad de perspectivas explicativas e interpretativas, alimentando el debate académico en las revistas especializadas, también ha generado una pérdida de su capacidad para ofrecer explicaciones persuasivas que permitan orientar a la práctica, a los *practitioners*, del gobierno por políticas públicas.

Ante esta situación, la presente obra ofrece una perspectiva cada vez más necesaria. En efecto, en su primera parte, los autores, a través de una síntesis apoyada en los principales autores del campo, proporcionan al lector una bienvenida visión actualizada de las discusiones relativas a cada fase del ciclo de la política. Un concepto como el del ciclo de políticas, si bien, y con buenas razones teóricas, ha sido criticado y prácticamente abandonado por numerosos académicos, éstos no han podido ofrecer a los *practitioners* una herramienta conceptual capaz de sustituir su uso para un desarrollo práctico de las políticas públicas. En este sentido, el *recorderis* implícito que nos hacen los autores del presente texto es muy pertinente: el análisis de las políticas públicas se justifica por su incidencia en la vida real de las personas – es la razón de ser de las políticas públicas – y no por su incidencia en las citaciones en revistas académicas herméticas y autorreferenciadas.

En la segunda parte, los autores nos presentan cinco estudios de caso que se relacionan con una macropolítica pública de nivel subnacional: la denominada Estrategia de desarrollo rural para el fortalecimiento del campo en Puebla (México). El valor agregado de esta investigación es doble. Primero, la ambición de revisar el conjunto de las fases del ciclo de las políticas y, en segundo lugar, centrar la mirada en conceptos comparables. Eso permite precisamente intentar avanzar en dos aspectos fundamentales: dar una visión de conjunto de las políticas, en vez de parcial o incompleta, y establecer elementos de comparación entre uno y otro proceso. Tareas que se esbozan en la conclusión del texto.

Claramente, es necesario profundizar aún más en el análisis para ir construyendo una comprensión de los procesos de políticas públicas en México y/o en la región. Pero, con eso, la investigación nos muestra una vía que hay que reforzar si se quiere lograr generar aportes significativos desde Latinoamérica. Se trata de desarrollar investigaciones empíricas que progresivamente permitirían empezar a dar elementos de respuestas a interrogantes que siguen rondando las reflexiones de los y las analistas: ¿existen patrones comunes de comportamiento político y social a lo largo del ciclo de políticas en el espacio cultural latinoamericano? ¿Existe un estilo de gobernar por políticas públicas específico en América Latina o para cada país de la región? ¿Se puede hablar de un modo mexicano de hacer políticas públicas diferente al modo argentino o colombiano? ¿Cómo aporta este conocimiento del proceso al mejoramiento de la vida cotidiana de las personas? El estudio comparado de las políticas públicas está todavía poco desarrollado en América Latina. Con demasiada frecuencia, los textos con pretensión comparativa se limitan a presentar diferentes casos sin posibilidad de establecer puntos de comparación ya que divergen en perspectivas, conceptos y metodologías.

Este libro que tengo el honor de prologar ciertamente no busca ser exhaustivo ni conclusivo, pero indica a la comunidad de estudiosos de las políticas públicas un camino a seguir si se pretende aportar desde esa labor investigativa a la construcción de una sociedad más justa. Así, el libro ofrece elementos de comprensión de los procesos de acción pública en América Latina a partir de una descripción completa, en un lenguaje adecuado para su difusión y apropiación por parte de la ciudadanía, y mostrando los aspectos críticos a superar para que gobernar por políticas públicas posibilite realmente un salto emancipador para afrontar la crisis civilizatoria actual. De lo contrario, gobernar por políticas no será más que una técnica de gobierno para que nada cambie y el análisis de política pública una actividad académica legitimadora del *statu quo*.

Introducción

FRANCISCO JOSÉ RODRÍGUEZ ESCOBEDO[1]

El texto es resultado de las lecturas, reflexiones y análisis realizados por las y los participantes en tres seminarios avanzados sobre política pública titulados *Seminario de Administración y Políticas Públicas, Seminario de Gobierno I* y *Seminario de Gobierno II* llevadas a cabo como parte de la currícula del doctorado en Ciencias de Gobierno y Política impartido en el Instituto de Ciencias de Gobierno y Desarrollo Estratégico de la BUAP, dicho programa está inscrito en el Sistema Nacional de Posgrados del CONAHCYT, los seminarios fueron dirigidos por el autor de la obra y en éstos participaron los profesores que conforman el Cuerpo Académico Consolidado CA BUAP 146 titulado: "*Desarrollo Multidisciplinario en los Sectores Público y Social*" y los estudiantes de la generación 2020 del programa doctoral, el objetivo de los seminarios fue profundizar en los aportes teóricos de los autores más representativos de la disciplina de política pública y hacer énfasis en el análisis secuencial de las políticas a saber: la incorporación a la agenda, el diseño, la implementación y la evaluación. El trabajo abundó también sobre el funcionamiento y la operación de los *componentes* que integran el *Programa de Fortalecimiento del Campo Poblano*, concebido como la Estrategia de Desarrollo Rural del gobierno del estado de Puebla para atender la difícil situación del campo en esta entidad, dichos *componentes* fueron concebidos como políticas públicas, los trabajos se realizaron en la primavera y el otoño de 2022.

Es importante señalar que el proceso por medio del cual los gobiernos formularon y decidieron sus políticas económicas y sociales, hasta antes de la segunda mitad del siglo XX, para ser exactos 1951, fecha en que en Estados Unidos nace esta disciplina

---

[1] Doctor en Ciencias Socioeconómicas. Profesor investigador titular en el Instituto de Ciencias de Gobierno y Desarrollo Estratégico de la BUAP. Miembro del SNI, Nivel I.

como objeto de estudio, con el trabajo fundacional, visionario y pionero de Harold Lasswell, no había tenido cabida, en todo el espectro que abarcan las ciencias sociales, curiosa y extrañamente no existía una disciplina que estudiara de manera sistemática el proceso que sigue la decisión de las políticas, que explicara los diversos modos en que los gobiernos seleccionan y definen los problemas públicos, que aclarara cuáles eran los criterios que se siguen al decidir las acciones que se consideran adecuadas para resolver asuntos públicos.

Tampoco se contaban con estudios sistemáticos y documentados, que señalaran la forma en que los gobiernos se relacionaban con las organizaciones de la sociedad civil, económica y política a lo largo del proceso decisorio y que mostraran si ese tipo de relaciones favorecía o dificultaba que las decisiones del gobierno fueran apropiadas y sobre todo eficaces para lograr los objetivos sociales de beneficio público.

El proceso decisorio desde siempre pudo haber sido objeto de opinión, pero no objeto de conocimiento, no se sabía cómo se desarrollaba y como concluía la decisión ni cómo y por qué permanecía o cambiaba en el tiempo.

En un intento por explicitar el objeto de conocimiento de la disciplina de políticas públicas se puede decir que estudia el proceso por medio del cual el gobierno elabora sus decisiones y decide las políticas, esta actividad es única y exclusiva de la cúpula directiva y las decisiones que esta cúpula toma son obligatorias para las y los administradores públicos.

El enfoque de política pública surge con la intención de cubrir este vacío de conocimiento, para ahondar en cómo se toman las decisiones de gobierno, conocer cuáles son los supuestos, las consideraciones objeto de reflexión, los procedimientos, las interacciones entre actores y sirven también para esclarecer si dichas decisiones se toman con base en datos, análisis y cálculos racionales, que incrementan la eficacia decisional o si se sustentan en otros criterios y consideraciones, una premisa fundada emanada de la disciplina de política pública es que el conocimiento es fundamental para que las decisiones sean eficaces, la disciplina nace con el objetivo de conocer la manera en que toma forma el proceso de decisión del gobierno y saber si el conocimiento guía la deliberación decisoria y hasta qué punto lo hace.

El objeto de conocimiento de la política pública es la identificación de las condiciones que hacen posible que las decisiones de gobierno sean eficaces, de sus condiciones causales, que sólo el conocimiento científico puede proporcionar.

El interés central de conocimiento de la disciplina de política pública es la validez directiva de las decisiones del gobernante, su capacidad técnica para realizar los objetivos sociales buscados, dicho de otro modo el interés de conocimiento de la disciplina es que las decisiones del gobierno sean inteligentes y eficaces y que se traduzcan en resultados, de lo que se trata es de generar un gobierno que conozca, que sea experto y que además sea legítimo.

El planteamiento de la política pública sobre la eficacia del gobierno democrático fue algo nuevo en un tiempo en que en forma acrítica se consideraban equivalentes el valor político del régimen democrático y su eficacia directiva. La novedad del planteamiento se entendió en la década de los años cincuenta del siglo pasado, cuando el régimen socialista de la posguerra cobraba cada vez más fuerza en el mundo y se le comparó con el régimen democrático, desde luego, no en el plano ideológico político pero sí en el de la eficacia directiva. En el ámbito de los valores políticos el socialismo no representaba un desafío, pues su totalitarismo era y es una forma de Estado racionalmente insostenible, pero sí implicaba un reto en el terreno del crecimiento económico y del desarrollo social, pues los países en los que se estableció mostraron capacidad de modernizarse, industrializarse, de incrementar su productividad, de generar empleo, de universalizar la seguridad y el bienestar, por lo que fue necesario mostrar la superioridad del régimen democrático en el terreno concreto del proceso de gobernar, en los aspectos instrumentales y en el rendimiento en términos sociales de sus decisiones.

El problema central fue determinar si el modelo directivo del gobierno socialista que era la planificación central integral "el gobierno por planes", era superior al modelo directivo de las democracias liberales, en las que no todo es planificable, pues en las sociedades libres, plurales y económicamente abiertas, no todos los comportamientos de los ciudadanos pueden ser objeto de planificación ni es posible prescribir al conjunto de la ciudadanía los fines que deben perseguir y los instrumentos que deben emplear para alcanzarlos, tanto en el ámbito económico como en otros campos sociales o incluso personales.

En las democracias liberales, "el gobierno por políticas" es el modo propio de gobernar. Las políticas son:

> Planes de acción específicos (no holísticos), enmarcados por leyes precisas, que reconocen las libertades de sus ciudadanos y, en consecuencia, tienen límites precisos al abordar determinados campos de acción social. Las políticas suelen incluir la participación de los ciudadanos, combinan la acción del gobierno con la de los ciudadanos, según el tipo de problemas que se abordan y no todas son regulatorias, prescriptivas o prohibitivas de conductas. Este problema relativo a la productividad y eficacia social de la democracia, es al que quiere dar respuesta la disciplina de política pública (Aguilar, 2011:23).

El logro definitorio de que la democracia se afirme en el ámbito mundial y que logre la confianza de los ciudadanos depende en realidad de los logros y avances de la gobernanza producto de las políticas o de gobernar por políticas, como lo señala Aguilar en alguno de sus textos, de lo que se trata es de mostrar fehacientemente que se avanza más en términos de desarrollo social y de lograr altos niveles de crecimiento económico, que los logros alcanzados por la gobernanza lograda por planes centrales, ese es en realidad el reto que tienen los gobiernos democráticos. El asunto político crucial es mostrar la mayor productividad y eficacia social de la democracia, este es el problema al que quiere dar respuesta la disciplina de política pública.

Al desarrollarse la disciplina aparecieron diversos enfoques en los que la economía se colocó como la referencia, lo que no dejó de suscitar polémica, el primer efecto de la evolución disciplinar fue la pérdida de su carácter multidisciplinario, para convertirse en unidisciplinario, es decir, básicamente económico, donde se ponía el énfasis en la racionalidad del gasto público de los cursos de acción, particularmente de las políticas sociales y esto generó que se abandonara momentáneamente su nombre original y se le llamara análisis de políticas.

La hegemonía o especie de dominio que presentó la perspectiva económica basada en la eficiencia económica en el diseño y análisis de las políticas fue inducido por la crisis fiscal que sufrieron los Estados sociales de los años setenta y ochenta del siglo pasado y que los disciplinó y obligó a llevar adelante políticas de estabilización y ajuste estructural para tratar de ordenar las finanzas públicas y para restituir la idoneidad del Estado para cumplir con sus atribuciones públicas. La contribución de la ciencia política y la sociología fue mostrar el papel que juegan los actores políticos y sociales en su interrelación con el proceso de elaboración e implementación de las políticas y demostraron entre otras cosas cómo el tipo de relación practicado era el factor condicionante de las decisiones de gasto, también aportaron la idea de que el éxito de las políticas depende no sólo de la asignación racional de los recursos públicos, sino más bien de factores políticos como la aceptación, el apoyo social, la neutralización de los opositores y de factores administrativos como la idoneidad organizativa, gerencial y operativa.

El escenario actual de la disciplina tiene dos posibilidades de encausamiento, uno unidisciplinario, donde el análisis económico es dominante y subordina a los otros enfoques, pero también se cuenta con un análisis multidisciplinario que asume y rescata el carácter original de la disciplina donde el análisis jurídico, politológico y administrativo, además del económico son elementos fundamentales y se combinan en el diseño de políticas públicas.

El interés por la disciplina en México se suscita a raíz de la crisis del modelo de Estado de bienestar ocurrido en los años ochenta del siglo pasado que mostró el agotamiento de un sistema político caracterizado por el autoritarismo, el proteccionismo económico, la endeble legalidad y la politización de la administración pública.

El régimen autoritario inicia su caída con la quiebra fiscal del Estado y se manifestó fehacientemente al experimentar una terrible crisis del sistema político y de la manera de gobernar.

La gran crisis fiscal y política del Estado de bienestar aunada a la terrible crisis económica padecida por la nación mexicana contribuyó decisivamente a la toma de dos trascendentes decisiones: democratizar al régimen político y liberalizar la economía.

En este escenario es en el que adquiere relevancia el enfoque de política pública en México debido a que dicha tecnología de gobierno es una actividad cognitiva que aspira a que las decisiones que toman los gobiernos fundamenten su eficacia, eficiencia y efectividad en su naturaleza verdaderamente pública.

El presente texto está integrado por dos partes, en la primera parte se habla sobre el concepto de políticas públicas y el ciclo de las mismas a saber: la incorporación a la agenda, el diseño, la implementación y la evaluación y en la segunda parte se describen y analizan los cinco *componentes* del *Programa de Fortalecimiento del Campo Poblano*, dichos *componentes* son concebidos como políticas públicas y se implementan en el ámbito subnacional, en Puebla: *Recuperación de la Cafeticultura, Reconversión Productiva para Cultivos de Alto Valor Comercial, Impulso Comercial de los Maíces Nativos, Impulso a los Sectores Pecuario y Acuícola e Impulso a la Apicultura.*

Fuente consultada

Aguilar Villanueva, Luis F. (2011). (Compilador). Política pública, 1ª ed.; Ed. Siglo XXI y BBAP, México.

PRIMERA PARTE

ORIGEN Y DESARROLLO DE LAS POLÍTICAS PÚBLICAS EN MÉXICO

Primera etapa del proceso de Políticas Públicas:

Identificación del problema y agenda de gobierno

FRANCISCO GUILLERMO GUTIERREZ ORTEGA[1]
VERÓNICA FABIOLA RAMÍREZ MUÑOZ[2]
FRANCISCO JOSÉ RODRÍGUEZ ESCOBEDO[3]
LUIS ANTONIO ZAMITIZ ZAYAS[4]

Introducción

En el presente trabajo se realiza una descripción de cómo una política pública se incorpora a la agenda de gobierno, para ello, es necesario explicar la función que tiene el Estado sobre la organización gubernamental y la forma en que ésta prioriza los temas relevantes para eventualmente incorporarlos a la agenda y darles solución (Lahera, 2003). Para ello, diversos autores como Easton (1969), Jones (1970), el mismo Lasswell (1971), Wildavsky (1977), Brewer y De León (1983), Kingdon (1984), Anderson (1984), Hogwood y Gunn (1986), Aguilar (2010), Theodoulou (2013) han aportado distintas propuestas para estudiar la ciencia

---

1 Estudiante del doctorado en Ciencias de Gobierno y Política del Instituto de Ciencias de Gobierno y Desarrollo Estratégico de la BUAP.

2 Estudiante del doctorado en Ciencias de Gobierno y Política del Instituto de Ciencias de Gobierno y Desarrollo Estratégicode la BUAP.

3 Doctor en Ciencias Socioeconómicas por el Instituto de Socioeconomía, Estadística e Informática del Colegio de Postgraduados, Campus Estado de México. Director del Instituto de Ciencias de Gobierno y Desarrollo Estratégico de la BUAP. Miembro del SNI, Nivel I.

4 Estudiante del doctorado en Ciencias de Gobierno y Política del Instituto de Ciencias de Gobierno y Desarrollo Estratégico de la BUAP.

de políticas desde un enfoque de proceso y así analizarla a partir de momentos y/o etapas.

Es así, como en la ciencia de políticas[5] uno de los enfoques más comentados para el estudio de las políticas públicas es el método del análisis secuencial, comprendiendo su análisis a partir de pasos o etapas con una relación y secuencia lógica, además de que en cada etapa se pueden observar actores, restricciones, decisiones, desarrollos y resultados, que se concatenan, influyen y afectan a las otras etapas. No obstante, estas etapas sólo indican los componentes necesarios de toda política, dejando a un lado que en la práctica éstas pueden sobreponerse, anticiparse, atrasarse o repetirse unas con otras (Aguilar, 2013). Es por ello que el estudio de las políticas públicas desde el enfoque de ciclo o proceso tiene por objetivo ser una propuesta teórica para analizar las políticas de manera ordenada y racional desde sus componentes, el trayecto y su desarrollo, a fin de dar detalle de cada una de las etapas.

Derivado de lo anterior, se reconocen para este estudio, como etapas que integran el proceso de políticas públicas las siguientes: primero, la identificación del problema y construcción de agenda; segundo, la formulación, diseño o hechura; tercero, implementación de las políticas públicas; por último, la evaluación de las políticas públicas (ver Figura 1).

---

5 Las ciencias de políticas son entendidas por su precursor Harold D. Lasswell (1951) como "el conjunto de disciplinas que se ocupan de explicar los procesos de elaboración y ejecución de las políticas, y se encargan de localizar datos y elaborar interpretaciones relevantes para los problemas de políticas de un periodo determinado" (citado en Aguilar, 2013, p.102).

Figura 1.

Proceso de las políticas públicas

Fuente: Elaboración propia (2022).

El presente capítulo tiene como objetivo exponer los conocimientos teóricos que han resultado de los últimos años acerca de identificación del problema y formación de la agenda, como primera etapa del proceso de las políticas públicas. El capítulo busca entonces, responder a cuestionamientos como: ¿Qué es un problema público? ¿De tantos problemas, por qué y cómo se eligen los problemas públicos que son seleccionados? ¿Cuál es el orden de prelación de los problemas públicos? ¿Qué criterios son tomados en cuenta para descartar un problema público de la agenda de gobierno? ¿A qué se refiere con la agenda de gobierno? ¿Quiénes son los actores involucrados en el proceso de identificación del problema y construcción de agenda? ¿Quiénes son los actores que tienen mayor influencia en el proceso de identificación del problema y agenda de gobierno? ¿Existe un proceso o pasos a seguir en la etapa de identificación del problema y agenda de gobierno?

En búsqueda de dar respuesta a los mencionados cuestionamientos se propone la siguiente estructura para abordar la primera etapa del proceso de políticas públicas: identificación del problema público, la definición del concepto de agenda de gobierno, el proceso y las etapas de formación de la agenda, los criterios para la construcción de agenda, los actores en el proceso de construcción de agenda y los enfoques de construcción de agenda.

Agenda de gobierno

Partiendo de la premisa que un problema público es aquella situación indeseable que busca solución, es de carácter público y requiere atención del gobierno, lo siguiente es definir ¿Dónde se ubica el problema público? ¿A qué se refiere con la agenda de gobierno? ¿Cuál es el orden de prelación de los problemas públicos? ¿Qué criterios son tomados en cuenta para descartar un problema público de la agenda de gobierno? ¿Por qué y cómo se eligen solucionar ciertos problemas públicos? ¿Cómo se determina atender problemas públicos y dejar de lado otros? A pesar de la concurrencia del concepto de agenda de gobierno en el estudio de la ciencia de políticas, no es posible tomar como referencia una única definición de agenda de gobierno, es por esta razón que se recapitulan algunas de las definiciones de los autores más comentados.

Cobb, Ross y Ross (1976) llaman formación de la agenda al “proceso mediante el cual las demandas de varios grupos de la población se transforman en asuntos que compiten por alcanzar la atención seria de las autoridades públicas” (Cobb, Ross & Ross, 1976:126). Kingdon (2014:3) concibe la agenda como “la lista de temas o problemas a los que los funcionarios gubernamentales, y las personas ajenas al gobierno estrechamente asociadas con esos funcionarios, están prestando seria atención en un momento dado”.

Casar y Maldonado (2008) realizan una tipificación de agenda centrada en los procesos políticos identificando tres tipos: la agenda pública, la agenda política y la agenda gubernamental; la primera, está constituida por aquellos temas que los distintos actores de la sociedad buscan posicionar y hacer ver a sus representantes para ser tomados en cuenta; la segunda, se refiere a aquellos temas que han llegado a la categoría de prioritarios para los actores políticos con la capacidad para impulsarlos; la tercera, la agenda gubernamental, es "el conjunto de prioridades que un gobierno constituido plantea a manera de proyecto y que busca materializar a lo largo de su mandato" (Casar y Maldonado, 2008:10).

Desde otro punto de vista, Arellano y Blanco (2013:71) observan que se trata de un subproceso del proceso de políticas públicas que analiza la búsqueda del equilibrio entre todos los asuntos de interés público, en primera instancia, atender realmente los problemas públicos y no los de ciertos grupos dentro del gobierno. Pues no se puede negar que la política pública "está moldeada por las instituciones, el entorno organizacional, el marco legal, las condiciones políticas y económicas y los valores sociales en juego" (Cejudo, 2008:93).

Por agenda de gobierno se entiende al "conjunto de problemas, demandas, cuestiones, asuntos que los gobernantes han seleccionado y ordenado como objetos de su acción, y más propiamente, como objetos sobre los que han decidido que deben actuar o han considerado que tienen que actuar" (Aguilar, 2017:29). Para ello, es necesario reconocer que existe una situación en particular que requiere un análisis para ser considerado un problema, este análisis, debe ser sistemático, debe contener categorías explicativas y analíticas para poder definir si requiere de la intervención gubernamental (Cejudo, 2008:6).

Ahora bien, la formación de agenda, desde el enfoque de proceso propuesto por Aguilar (2010) es considerada la primera actividad que conforma el proceso y es definida como "el proceso social y político mediante el cual una situación de la vida social es calificada y aceptada como problema público y, por lo tanto, como una realidad que el gobierno debe atender y que tiene que ser objeto de una política pública" (Aguilar, 2010:46).

Por otro lado, la agenda es considerada "la lista de temas y problemas a los que, actores políticos y no políticos, prestan atención en un tiempo determinado y su establecimiento se centra en la reducción de temas y problemas a abordar" (Theodoulou, 2013:89).

Identificación del problema

El Estado como ente de organización política, económica y social, tiene gran importancia en la articulación del gobierno y de la administración pública, además, debe entender cómo ésta se desarrolla dentro de un sistema determinado para su funcionamiento. Así, la planeación de las políticas públicas necesita de un sistema de instituciones que intenten subsanar los problemas de los ciudadanos (Uvalle, 2000:52).

El establecimiento del Estado como organización política, económica y social, permitió a lo largo de la historia que se reconocieran los derechos fundamentales de las personas y de los ciudadanos. Desde su origen, el Estado ha tenido variaciones que han determinado su actuar en todas las áreas en las que debe tener injerencia, una de ellas, que se estableció por primera vez a nivel mundial en la Constitución mexicana de 1917 y después replicada en la Constitución de 1919 en Alemania, fue tener actuación y decisión directa en la satisfacción de algunas demandas como: establecer el interés colectivo sobre el individual, establecer la igualdad entre los individuos y la intervención del gobierno en la distribución de la riqueza (Mezzetti, 2017:383-384).

En la teoría el término de política pública no cuenta con un consenso académico y en ocasiones se presenta como complejo, sin embargo, para establecer un parámetro, conscientes de las limitaciones que puede tener dicha definición, se entenderá como política pública:

> La orientación general que define el marco de actuación de los poderes públicos en la sociedad, sobre un determinado asunto.

> De manera más concreta, la política pública se presenta como un proceso de decisiones y acciones gubernamentales actuando directamente o a través de sus agentes, tendiente a resolver un asunto de interés público (Jiménez y Ramírez, 2008:55).

Toda política pública tiene una razón de ser, desde el enfoque de proceso de las ciencias de políticas, el punto de partida inicial se da con una situación social[6], la que es percibida como indeseable y requiere una solución o en palabras de Luis F. Aguilar Villanueva (2010:33) "se representa la acción de solución como una respuesta hipotética".

La identificación del problema puede considerarse como la etapa o momento en donde se desentraña la causa originaria de los problemas a partir de herramientas metodológicas (Arellano y Blanco, 2013:57), sin embargo, para que un problema se considere como público es necesario saber y establecer que dichos problemas son construcciones sociales, en donde influyen diversos actores con intereses particulares, sociales y políticos (Cejudo, 2008:8).

Problemas privados, problemas sociales y problemas públicos

Debido a la naturaleza heterogénea de los innumerables problemas sociales que existen y que afectan a un número determinado de personas, constantemente se busca la consideración y la solución de ellos por parte del gobierno. Estos problemas pueden ser de interés general o particular, y en algunos casos la mayoría de las personas concuerda con el problema expuesto, pero en

---

6 Desde el enfoque de políticas públicas se le denomina problema público a aquella situación social, que requiere de atención e intervención por parte del gobierno. Luis F. Aguilar Villanueva (2010) argumenta que "una situación social es calificada como problema cuando debido a sus propiedades actuales y sus defectos en la vida de las personas es considerada opuesta, contradictoria o alejada a la situación que una sociedad y su gobierno valoran y prefieren, por lo que se descalifica y se exige que sea removida, disuelta, delimitada, corregida, mejorada..." (Aguilar, 2010:33).

otros las opiniones se dividen, por lo que algunos problemas son fáciles de resolver. Por lo tanto, la relación habitual entre sociedad y gobierno está regida por problemas y soluciones en donde el Estado es percibido por la sociedad como el encargado de resolver los problemas que ésta es incapaz de solucionar. Sin embargo, no todos los problemas logran atraer la atención gubernamental, por ello es necesario conocer cómo determinados asuntos se vuelven públicos y un objetivo para la acción gubernamental, logrando ser parte de la agenda de gobierno (Aguilar, 2017).

Los problemas públicos son definidos por Casar y Maldonado (2008:3) como "un conjunto de ideas, valores y percepciones empaquetados y presentados como susceptibles de atención gubernamental". Sin embargo, el problema no necesariamente tiene características objetivas para ser un problema. En muchas ocasiones éste se determina a partir del interés de actores individuales o de ciertos grupos que ejercen influencia y autoridad (Pérez Enciso, 2017:252).

Para poder definir un problema político es necesario determinar los siguientes aspectos: su naturaleza, las causas que lo originaron, la duración del problema, su evolución, quiénes son los afectados y cuáles son las posibles consecuencias, de tal manera que estas respuestas permiten comprender cómo funciona el problema, qué actores son los involucrados y cuál es su comportamiento ante la problemática (Roth, 2002).

Pero para que un problema se integre en la agenda primero se debe determinar la posibilidad, el tipo y el alcance de su solución, así el gobierno podrá definir su manera de proceder y lo que le costará, y con ello podrá determinar si tiene sentido su acción. De modo que la atención, definición y las estrategias de acción son determinantes en el proceso de *agendum y* por lo tanto son actividades interdependientes (Aguilar, 2017).

Theodoulou (2013:287) a partir de su propuesta de fases y etapas del proceso de política pública, identifica la fase de pre decisión (tres etapas), decisión (una etapa) y post decisión (tres etapas). En la primera fase, se ubica como primera etapa la definición del problema o identificación del problema; es en esta etapa que se identifican factores que influyen en cómo los actores políticos identifican y definen los problemas de política pública. Estos factores son: la causalidad, la gravedad del problema, incidencia o frecuencia de ocurrencia de un problema, proximidad y por último, crisis (Rochefort y Cobb, 1994:8-9). Además, Theodoulou (2013:290) argumenta que se tiene que considerar otros elementos: el alcance (percepción) y el costo (consecuencias negativas).

Para Eugene Bardach (1998:20) la identificación y definición del problema es fundamental y requiere de un ejercicio repetitivo, es decir, realizarlo una y otra vez, esto debido a que permitirá al analista de políticas públicas refinar y evolucionar el problema planteado, además de que servirá para desechar alternativas en el intento de solventar el problema.

Entrada del problema público a la agenda

El problema central de la fase de la agenda consiste en entender los procesos por los cuales una autoridad pública o administrativa le presta atención a un tema y a su solución. Para ello, existen tres fases en la construcción de los problemas. Primero, para que un problema privado se transforme en un problema público es necesario que exista una transformación de la vida cotidiana originada por cambios sociales que afecten a un grupo social y que ello genere tensión.

Segundo, el problema debe expresarse de manera pública, ya sea a través de personas o grupos que sean portavoces del problema. Y para definir el problema y ofrecer posibles soluciones juegan un papel importante los medios de comunicación, los académicos y científicos, y los actores políticos. Y después del reconocimiento como un problema social, el paso a seguir es su institucionalización que consiste en reconocer la necesidad de la intervención política (Roth, 2002).

Para que un problema pueda ser integrado a la agenda de acuerdo con Cobb y Elder (1972) éste debe cumplir con tres requisitos: 1) debe ser de la incumbencia de las autoridades públicas; 2) que la distancia entre lo que deber ser y lo que es exponga la necesidad de la acción política; y 3) para que la autoridad pueda tratar el problema éste debe manejar un lenguaje adecuado en términos técnicos, ideológicos y políticos (citado en Roth, 2002).

La inscripción a la agenda puede darse de dos formas: externa o interna. La primera es una demanda social, por lo tanto, es externa al Estado y a sus instituciones. Y la segunda es una oferta administrativa que es interna del Estado y sus instituciones. En la demanda social los grupos se movilizan para solicitar la intervención del Estado, y dentro de estos grupos se encuentran los mediadores políticos (partidos políticos, gremios y grupos de presión), los mediadores sociales (representantes particulares como pueden ser intelectuales o científicos) y los mediadores administrativos (quienes comercializan sus productos y crean necesidades en beneficio propio) (Chevallier, 1986, citado en Roth, 2002).

Por su parte, Garraud (1990), propone cinco modelos para que el problema sea integrado a la agenda. El primero, es el modelo de la movilización social que a través del trabajo de actores sociales promueven o defienden los intereses ciudadanos. El segundo, es el modelo de oferta política, el cual consiste en promover el problema desde las instituciones políticas y busca ganar el apoyo de los electores a sus propuestas políticas. El tercero es el modelo de mediatización, en el cual los medios de comunicación a través de la presentación de información selectiva y su repetición logran presionar al gobierno para intervenir en el problema sin que realmente exista una demanda social. El cuarto modelo es el de la anticipación, en el que las autoridades públicas deciden actuar sobre un tema que ven como problemático, lo detectan y diseñan estrategias para su prevención y mitigación. Y el quinto y último modelo es el de la acción corporativista silenciosa, aquí el acceso a la agenda es logrado por la influencia de los grupos organizados que no busca la publicidad del problema, sino por el contrario debe su éxito a su condición de discreción (citado en Roth, 2002).

La formación de la agenda de gobierno pone en evidencia quiénes son los actores que definen los problemas públicos, cuáles grupos y organizaciones cuentan con la fuerza para transformar los problemas sociales en públicos y que el gobierno les dé prioridad, también deja ver cuáles organismos y qué tomadores de decisiones gubernamentales responden pronto a demandas de determinados grupos. De tal forma, que la agenda de gobierno pone en evidencia cuál es la estructura de poder que domina la hechura de una política. Asimismo, la agenda también es determinante para el gobierno y su administración, ya que una de las decisiones más importantes del gobierno consiste en la elección de los asuntos que son prioridad en su actuar, lo que impactará en el éxito o fracaso del gobierno.

Por lo tanto, el proceso de elaboración de la agenda es un momento clave para decidir si el gobierno interviene o no en un determinado asunto, ya que como consecuencia si decide intervenir deberá poner en funcionamiento a todo su equipo para obtener la información, el análisis, los convenios, la legislación, la movilización y la operación (Aguilar, 2017).

De acuerdo con Theodoulou (2013) el comienzo para que un problema o tema entre a la agenda es cuando los tomadores de decisiones reconocen el problema, es decir, en la manera en que los formuladores de políticas definan el problema influirá en la acción que se tome para solucionar el problema o si éste se incorporará a la agenda de gobierno.

Tipos de agenda

Los problemas son cuestiones que conciernen tanto a los ciudadanos como al gobierno. Por ello, hay una agenda de los ciudadanos que puede preceder y llegar a determinar la agenda de gobierno. Al respecto, Cobb y Elder (1972), han distinguido entre dos tipos de agenda. La primera es llamada sistémica, pública o constitucional, que se integra por cuestiones específicas donde los miembros de una determinada comunidad política perciben que se requiere de la intervención pública por lo que reconocen que el asunto pertenece a la jurisdicción de la autoridad gubernamental existente. Y la segunda es llamada institucional, formal o gubernamental, en ella se tratan los asuntos que impactan a un gran número de personas y por lo tanto, deben tratar temas generales como la pobreza o la seguridad (Aguilar, 2017).

Para Cabrero, (2000:200) también existen dos tipos de agendas: la de origen exógena y la de origen endógena. En el primero, la definición de la agenda y los problemas públicos son de origen exógena, es decir, es implantada por actores externos al aparato del gobierno; este tipo de agenda corresponde al modelo *outside initiative*, propuesto por Cobb, Ross y Ross (1976) y que confirma que el proceso de construcción de agenda tiene un alto contenido exógeno a los grupos gubernamentales (citado en Cabrero, 2000:200).

El segundo tipo corresponde a la agenda endógena, en ésta la definición de la agenda y los problemas públicos es determinada por agentes gubernamentales especialistas en cada área del conocimiento, es decir, la toma de decisión de la agenda recae al interior de la estructura gubernamental; este tipo de agenda, según Cobb, Ross y Ross (1976), corresponde al modelo *inside initiative* (citado en Cabrero, 2000:200).

Criterios y factores para la construcción de la agenda

La estructuración de la agenda de gobierno es determinada por la definición del problema y las oportunidades de elección, pero para que un problema sea considerado dentro de la estructura de la agenda de gobierno, el asunto debe cumplir con tres requisitos: 1) ser conocida por el público; 2) que gran parte del público considere que requiere de algún tipo de acción, y 3) que dicha acción sea competencia de alguna entidad gubernamental.

No obstante, Cobb y Elder (1984), señalan que rara vez el establecimiento de la agenda se lleva a cabo de manera ordenada, pues el proceso de decisión por parte del gobierno generalmente es inestable o está mal estructurado. Por ello, en este proceso, decidir es el resultado de los problemas, las soluciones, los actores participantes y las oportunidades de elección.

Kingdon (2014) observa que existen factores que afectan la configuración de la agenda y la especificación de las alternativas: el primer factor son los actores; el segundo factor es el proceso mediante el cual los puntos de la agenda y las alternativas se vuelven prominentes. Además, considera se observan tres criterios en la construcción de agenda.

Un primer criterio es que se construye la agenda de tres posibles situaciones: una puede ser a partir de la identificación del problema, como se mencionaba con anterioridad, mediante indicadores, por ejemplo; otra puede ser a partir de un evento en particular o conjunto de eventos que potencializan una afectación; por último, puede ser a partir de la experiencia de los funcionarios en la implementación o medición de programas o planes.

El segundo criterio se visualiza en la corriente política, puesto que se ha observado que el cambio de gestión gubernamental puede redefinir la agenda a partir de sus objetivos e intereses. Un tercer criterio es a partir de la función de, en palabras de Kingdon, los actores visibles y los actores ocultos; los primeros son los elegidos por elección popular y los segundos son los funcionarios, burócratas y académicos que se encuentran detrás, sin embargo, son los primeros los que definen la agenda y los segundos se encargan de analizar las mejores alternativas. La elección por parte del gobierno sobre el problema que atenderá va a depender de si el gobierno encuentra o no una oportunidad de elección favorable, si las demandas son tratables o no, y si los tomadores de decisiones están interesados en intervenir (Aguilar, 2017).

Uno de los criterios para la construcción de agenda, según Lindblom (1991:111), es centrarse en la búsqueda de beneficios comunes, es decir, identificar aquellas opiniones de un mayor número de personas e integrarlas, de este modo se renuncia al principio individual por el principio colectivo como común. Además, son los grupos de interés quienes deben establecer intereses comunes, a razón que la diversidad compleja imposibilita la resolución y genera conflicto de intereses individuales.

Theodoulou (2013:289) argumenta que existen diversos modelos de establecimiento de agenda, sin embargo, la mayoría se preguntan acerca de cómo un tema se convierte en problema y cómo se mueven o no en la agenda. Theodoulou (2013:289) reconoce la tipología de Cobb y Elder (1984) acerca de la agenda sistémica y la agenda institucional, además de recordar el término de catalizador, como aquellos eventos que mueven los problemas de la agenda sistémica a la institucional, es decir, deben tener la capacidad de llamar la atención de los tomadores de decisiones y de la sociedad. Por consiguiente, en palabras de Theodoulou (2013:290), para que un catalizador se convierta en un dispositivo desencadenante debe darse la interacción de cuatro factores: el alcance, la intensidad, la duración y los recursos.

Etapas del proceso de construcción de la agenda

El ciclo de políticas propone la separación de la política pública en etapas que se compone de cinco fases: "la identificación del problema, la formulación de soluciones, la toma de decisión, la implementación y la evaluación. Este modelo al ser general puede utilizarse para cualquier política ya que facilita la delimitación del objeto de análisis y debido a esto, es frecuente que los actores de las políticas públicas utilicen este ciclo como un modelo normativo para la acción" (Roth, 2002:49).

En la fase I, una situación es percibida como problemática por los actores políticos y sociales. Posteriormente solicitan una acción pública y buscan que el problema sea inscrito en la agenda del sistema político (agenda setting). En la fase II, después de que está inscrito el problema en la agenda, la administración pública trata de entender el problema y propone varias soluciones. En la fase III, los actores e instituciones autorizados para tomar la decisión examinan las posibles soluciones y deciden la respuesta. La cuarta fase corresponde a la implementación de la decisión, aquí la administración pública generalmente es la encargada de darle seguimiento a la solución propuesta.

Finalmente, tanto la respuesta al problema como el impacto causado por su implementación son evaluados por los actores sociales y políticos, lo que puede llevar al reinicio del ciclo con la finalidad de reajustar la propuesta o incluso llegar a suprimirla (Roth, 2002). Por su parte, Kingdon (2014) identifica como "las tres corrientes de proceso principales en el gobierno federal: el reconocimiento de problemas, la formación y refinación de propuestas de políticas y por último la política" (Kingdon, 2014: 87).

Es en la primera etapa donde se desarrolla el proceso decisorio de cómo y por qué un conjunto de problemas son importantes y los demás dejan de ser considerados. Ahora bien, al momento de contestar cómo es que se desarrolla el proceso de configuración de agenda, se puede mencionar que, una primera forma puede iniciar cuando se identifica en primera instancia un problema para posteriormente establecer un parámetro de medición a partir de indicadores, los cuales se pueden obtener mediante la experiencia de medir los cambios en una afectación determinada.

Una segunda manera de que un problema entre a la agenda es a partir de la afectación generada por un evento que llama la atención por las condiciones o por la combinación con otras. Otra manera puede darse cuando los funcionarios aprenden a partir de la retroalimentación de los programas o planes, ya sea de manera formal o informal. De todo lo anterior Kingdon (2014:198) plantea la idea de que el reconocimiento y la definición de los problemas pueden afectar significativamente sus resultados.

A pesar de las distintas etapas propuestas por estos autores, coinciden en la existencia de un problema que debe ser atendido, para el cual se elige y se sigue un curso de acción que produce resultados que pueden o no ser los esperados, y cuando no son los resultados esperados se debe revisar el plan de acción que se eligió (Aguilar, 2017).

En contraposición con el enfoque secuencial, Lindblom (1991:12-13) observa que en el proceso de elaboración de políticas públicas, es imposible pensar en etapas consecutivas, al contrario, se trata de un recorrido flexible y simultáneo, puesto que se observa que en el proceso de formulación de la agenda se mezclan simultáneamente con la implementación de la política; esto se debe a que, al buscar una solución al problema público se busca identificar posibles impactos para otro tipo de actores; de igual manera Lindblom (1991:13) identifica que de haber problemas generados en la implementación, éstos se envían a la agenda política.

Actores que definen la agenda

Existen diferentes tipos de actores tanto públicos como privados que se involucran en el proceso de surgimiento de una política pública. Este actor puede definirse como un individuo o como varios individuos e incluso como una persona jurídica o un grupo social. Este último, el grupo social, sólo puede considerarse como un actor unitario cuando se presente y actúe con homogeneidad respecto a los objetivos que persigue, por lo tanto, un actor es alguien que comparte ideas o tiene intereses en común con alguien más, y que además busca un objetivo y lo hace a través de distintos medios (Subirats, et al., 2008).

Para reconocer el tipo de actor en una política pública Subirats, et al. (2008) proponen identificar y delimitar el espacio en el que intervienen los actores. De esta forma lo que ellos llaman como *triángulo de los actores*, se compone de tres tipos. El primer tipo se establece en función de su carácter público, es decir son los actores político-administrativos. El segundo tipo son los actores privados, específicamente los grupos objetivo. Y el tercer tipo son los beneficiarios o afectados de manera indirecta por la política pública.

Actores públicos. Son definidos a partir del sistema político administrativo que comprende el conjunto de instituciones gubernamentales, administrativas y jurídicas de un país, que tienen la capacidad, la estructura organizativa y forman parte de un sector de la sociedad que está dotado de autoridad. Dentro de esta clasificación, se pueden encontrar actores privados a los que el Estado les ha dado alguna concesión y por lo tanto son denominados parapúblicos o paraestatales, que generalmente son constructoras de vivienda, cajas de ahorro o fundaciones (Subirats, et al., 2008).

Actores privados. En esta categoría se pueden encontrar tres tipos de actores:

- Grupos-objetivo: Está compuesto por personas físicas o jurídicas y organizaciones, que se consideran la causa directa o indirecta del problema que intenta resolver la política pública. Por lo tanto, las decisiones y acciones de estos grupos pueden determinar el destino final de la intervención de los poderes públicos, ya que la política pública les impone obligaciones o les confiere derechos, y a través de estas medidas el legislador o la administración consideran que con tales medidas el problema puede resolverse o mejorar.
- Beneficiarios finales: Este grupo lo integran personas físicas o jurídicas y organizaciones que son afectadas directamente por el problema colectivo. Son los actores que pueden beneficiarse en mayor o menor grado, de acuerdo con los objetivos de la política y generalmente este grupo se compone por individuos que son difíciles de movilizar y de organizar.
- Grupos de terceros: Incluyen personas físicas, jurídicas y organizaciones que representan los intereses de esas personas, quienes pueden modificar su situación sin que la política pública esté destinada a ellos directamente. Esta modificación puede ser positiva o negativa, y de ello dependerá el apoyo o la oposición que realicen a la política pública (Subirats, et al., 2008).

El factor de mayor peso en la configuración de la agenda es la fuerza de los actores políticos que participan en el proceso y las relaciones políticas y administrativas que han tejido entre ellos y el gobierno. De tal forma que la intervención del gobierno está determinada por el llamado "*triángulo de hierro* conformado por gobierno, organizaciones del capital y organizaciones laborales, o formado por grupos de interés, comités legislativos y agencias gubernamentales" (Aguilar, 2017:45). Por lo tanto, para Aguilar existen dos categorías que explican la relación sociedad-gobierno: la red de cuestiones y el subsistema de políticas.

Las redes de cuestiones, están integradas por expertos y profesionales en asuntos específicos (de salud, educativos, comerciales) y que comparten conocimientos, tecnologías y habilidades tanto con la sociedad como con el gobierno. Esta red debe su superioridad al conocimiento sobre la cuestión pública en discusión, y su influencia es determinante en la formulación de la política, ya que no sólo definen el problema u ofrecen información, sino que también ofrecen opciones, establecen criterios e índices de rendimientos. En estas redes los participantes suelen entrar y salir de manera constante, ya que no son grupos cohesionados que deseen el dominio sobre un programa, y su interés principal es el involucramiento intelectual o emocional en la cuestión. Finalmente, los integrantes de esta red no son sólo técnicos especializados o expertos, sino también son activistas (Aguilar, 2017).

Por otro lado, el subsistema de políticas busca localizar a los actores clave en la elaboración de la agenda y en la formulación de la política, al igual que la red de expertos en asuntos públicos. El subsistema pone énfasis en el hecho de que el sistema político se compone de una variedad de subsistemas de políticas e intenta demostrar que las organizaciones de interés concentran su poder o influencia en políticas específicas sin desviarse hacia otros asuntos. Aquí los intelectuales expertos influyen en la problematización y respuesta de determinados asuntos, pero son los grupos de interés organizados los que fijan las cuestiones. De modo que cada subsistema está integrado por un conjunto de actores que intentan influir en la asignación de valores, premios o pérdidas en nombre de la sociedad y que han logrado obtener alguna hegemonía sobre la política de referencia (Aguilar, 2017).

La participación ciudadana en la construcción de la agenda

Existen diversas formas de participación para la construcción de la agenda sobre políticas públicas o para incidir en la formulación, modificación o derogación de leyes. Las políticas públicas pueden estar contenidas en el marco normativo y constitutivo de un Estado, por ello, como lo menciona Villarreal, (2009:33) una forma de participación ciudadana es a través de una iniciativa ciudadana que, en México, requiere un 0.13% de la lista nominal de electores del Instituto Nacional Electoral (INE), es decir, en 2022 es necesaria la participación de 120 mil 14 ciudadanos para poder incidir en las leyes de nuestro país.

La participación e intervención de la ciudadanía favorece la gobernabilidad de las políticas públicas, pues le da mayor legitimidad, lo que se traduce en enfrentar menor rechazo y menor conflicto al momento de su implementación. Además, esta participación convierte a las políticas públicas en menos inestables, pues son menos susceptibles a la modificación por parte de otros actores gubernamentales (Villarreal, 2009:45).

La participación ciudadana en la construcción inicial de las políticas públicas e incluso desde la incorporación a la agenda de gobierno, ayuda a fortalecer tres aspectos fundamentales, a) otorga legitimidad al gobierno, b) promueve la democracia y c) hace más eficaces la decisión y la gestión pública (Díaz Aldret, 2017:367).

Otra de las facultades que tiene la participación ciudadana en la incorporación de los problemas en la agenda de gobierno, es mitigar el poder del Estado, y aumentar el control social para que las decisiones públicas no sean privadas o exclusivas de un sector dentro del consenso estatista (Cunill, 2006:186). La importancia de la participación ciudadana radica en implementar una visión diferente a la que se da dentro de los organismos públicos, sin embargo, la misma participación en la idea de Cunill, (2008:125) se divide en dos: administrativa y política.

- Participación ciudadana administrativa, este tipo de participación sólo legitima a los poderes establecidos, no tiene fines políticos y se enfoca en los beneficiarios y en los ciudadanos que se involucran de forma directa.

- Participación ciudadana política, ésta "tiene como sujeto privilegiado a los intereses sociales subrepresentados en la formación de las decisiones, precisamente porque busca afectar los balances de poder en el marco de la construcción de ciudadanía" (Cunill, 2008: 125).

Para que la participación ciudadana sea efectiva se debe tener claridad respecto a la autonomía que deben tener los actores, o si están ligados a algún organismo esto debe ser explícito y transparente para poder eliminar los conflictos de interés que puedan existir en temas determinados, esta autonomía también permite que los actores tengan mayor capacidad para generar sanciones para los actores públicos en consecuencia de su actividad (Gutiérrez-Saxe, 2006:161).

De esta forma, el proceso de establecimiento en la identificación del problema y agenda de gobierno tiene varias etapas, que se interrelacionan para lograr que exista consenso en lo que se presenta como un problema público, y el siguiente proceso para que dicho problema llegue a la agenda de gobierno, además, distintos actores confluyen dentro del sistema para lograr la mayor eficiencia y eficacia en la identificación de los problemas, pues este paso es crucial para que las siguientes fases de una política pública tenga éxito.

Consideraciones finales

El enfoque secuencial para estudiar el proceso de políticas públicas, como se ha observado en la literatura, ha sido criticado debido a que la consecución en serie no puede aplicar al proceso de las políticas públicas, por la complejidad de todos los elementos y factores que lo integran; así que el aporte del enfoque se observa desde la heurística, es decir, que permita desarrollar de manera más detallada cada etapa, se analice cada uno de sus elementos, factores y resultados, y de este modo se acreciente el conocimiento del objeto de estudio; puesto que abordarlo de manera general impide analizar los detalles de cada etapa y sub etapas del proceso.

Es mucha la diversidad de problemas que existen en la sociedad, sin embargo, no todos los problemas son objeto de atención por parte del gobierno, esto debido a las limitaciones económicas, estructurales y de personal con los que cuenta el gobierno. Por lo que para que un problema entre a la agenda pública, primero debe identificarse como un problema público y con ello debe buscar resolver una cuestión social donde se haya identificado una posible solución de competencia gubernamental y por consiguiente, que se cuenten con los recursos suficientes.

Posteriormente, será relevante el papel de quienes definen los problemas públicos que se incluyen en la agenda ya que tanto los actores públicos como privados tienen cierto peso. Sin embargo, el factor de mayor peso es la fuerza de los actores políticos, determinada por las redes de cuestiones y el subsistema de políticas, quienes cuentan con el poder decisorio gubernamental.

Este proceso es complejo debido a que parte de diferentes visiones, como lo son la agenda pública, la agenda política y la agenda gubernamental. El reto técnico y político de la construcción de agenda consiste en la puesta en común de los tres tipos de visiones, es decir, en la medida en que los procesos de mediación, el diálogo y el consenso se asimilen por los diferentes actores del proceso, la agenda será bien recibida por los tomadores de decisiones.

Por otro lado, para que un problema público entre a la agenda esto de alguna manera depende también del ingenio del artesano de las políticas públicas, esto es respaldado en la literatura en el sentido de que dependerá de cómo el profesional comunica, explica y desarrolla los elementos del problema, su justificación y la necesidad a la que atiende.

Por lo tanto, la agenda al ser la primera etapa del ciclo de políticas públicas cumple con el gran reto de establecer el problema público que será el que defina una buena intervención en las siguientes etapas del proceso. De modo que la identificación del problema tiene como característica esencial ser establecido de manera precisa, es decir, que sea evaluado entre todos los problemas, y se haya seleccionado como el problema a resolver; y delimitado, en el sentido que se establezcan claramente los alcances y límites del problema a resolverse, para que las siguientes etapas en la construcción de políticas públicas sean eficaces, eficientes y suficientes.

Fuentes consultadas

AGUILAR VILLANUEVA, L. F. (2010). *Política pública.* (1ra. ed., Vol. 1). Siglo XXI Editores. México.

_______________(2013). *El estudio de las políticas públicas.* (3ra. ed., Vol.1). Editorial Miguel Ángel Porrúa. México.

_______________ (2017). *Problemas públicos y agenda de gobierno.* (3ra. ed., Vol.2). Editorial Miguel Ángel Porrúa. México.

ARELLANO GAULT, D., & BLANCO, F. (2013). *Políticas públicas y democracia.* (1ra. ed.) Instituto Federal Electoral.

BARDACH, E. (1998). *Los ocho pasos para el análisis de políticas públicas.* Un manual para la práctica. CIDE. México.

BREWER, GARRY D. Y PETER DELEON (1983). The foundations of policy analysis. Monterey, Brooks/Cole.

CABRERO, E. (2000). Usos y costumbres en la hechura de las políticas públicas en México. Límites de las ciencias políticas en contextos culturales y políticamente diferentes. Gestión y Política Pública, IX (2),180-229. https://www.redalyc.org/articulo.oa?id=13309201

CASAR, M. A., & MALDONADO TRUJILLO, C. V., (2008). Formación de agenda y procesos de toma de decisiones: una aproximación desde la ciencia política. Centro de Investigación y Docencia Económicas (CIDE). https://www.cide.edu/publicaciones/status/dts/DTAP%20207.pdf

CEJUDO, G. (2008). Discurso y Políticas Públicas: Enfoque Constructivista (Discourse and Public Policy: A Constructivist Approach). Documento de Trabajo del CIDE, Número 205. https://ssrn.com/abstract=2495550

COBB, R. Y ELDER, CH. (1972). Participation in American Polities: The Dynamics of Agenda -Building. Editorial The Johns Hopkins University Press.

_______________(1984). *Agenda Building and the Politics of Aging.* En Policy Sciences Journal. Vol. 13. No.1 pp.115-129.

COBB, R., ROSS, J. K. Y ROSS, M.H. (1976). *Agenda Building as a comparative political process"* en American Political Science Review, Vol. 70. No. 1. Pp. 126-138.

CUNILL, G. (2006). Espacios públicos no estatales para mejorar la calidad de las políticas. Una visión sobre América Latina. pp. 167-191. En Isunza, V. y Olvera, A. Coords, Democratización, rendición de cuentas y sociedad civil: participación ciudadana y control social. Porrua. México.

________(2008). *La construcción de ciudadanía desde una institucionalidad pública ampliada.* En Mariani, R. (Coord.) (2008), Contribuciones al debate: Democracia/Estado/Ciudadanía Hacia un Estado de y para la democracia en América Latina. Vol. II. PNUD-UE, pp. 113-138.

Díaz Aldret, A. (2017). Participación ciudadana en la gestión y en las políticas públicas. Gestión y política pública, 26(2), 341-379. Recuperado en 24 de noviembre de 2022, de http://www.scielo.org.mx/scielo.php?script=sci_arttext&pid=S1405-10792017000200341&lng=es&tlng=es.

EASTON, D. (1969). *Esquema para el análisis político.* (1ra. ed.) Prentice Hall. Argentina.

GUTIÉRREZ-SAXE, M. (2006). Desempeño nacional y rendición de cuentas: el Programa de Formación e información Estado de la Nación. pp. 133-164. En Isunza, V. y Olvera, A. Coords, Democratización, rendición de cuentas y sociedad civil: participación ciudadana y control social. Porrúa. México.

JIMÉNEZ, W. y RAMÍREZ, C. (2008). *Gobierno y Política Pública.* Bogotá, Colombia: Escuela Superior de Administración Pública.

KINGDON, J. (2014). Agendas, Alternatives and Public Policy. (2da. ed.) Pearson. USA. Boston.

LASSWELL, H. D., & LERNER, D. (1951). La orientación hacia las políticas. Luis Aguilar V. (comp). El estudio de las políticas públicas. (3ra. ed., Vol.1). Editorial Miguel Ángel Porrúa. México. pp. 79-103.

LASSWELL, H. D. (1971). *La concepción emergente de las ciencias políticas.* Luis Aguilar V. (comp). El estudio de las políticas públicas. (3ra. ed., Vol.1). Editorial Miguel Ángel Porrúa. México. pp. 105-117.

LINDBLOM, C. E. (1991). *El proceso de elaboración de políticas públicas.* Editorial Miguel Ángel Porrúa. México.

MEZZETTI, L. (2017). El legado de la Constitución mexicana de 1917: los derechos sociales fundamentales en la Constitución italiana de 1948. En Fix-Zamudio, H. y Ferrer, E. Coord. Influencia extranjera y trascendencia internacional. Colección INEHRM. México. pp 379-414.

PÉREZ ENCISO, H. A. (2017). Problemas, actores y decisiones en las políticas públicas. Marco de análisis para el estudio de los programas de crédito educativo en Colombia. Universitas Humanística, 83, 247-273. http://dx.doi.org/10.11144/Javeriana.uh83.padp

ROCHEFORT, D. A., & COBB, R. W. (1994). *Problem definition: An emerging perspective. The politics of problem definition: Shaping the policy agenda.* University Press Kansas. EUA, Kansas. pp. 15-20.

ROTH, A. (2002). *Políticas públicas. Formulación, implementación y evaluación.* Ediciones Aurora. Bogotá.

SUBIRATS, J., KNOEPFEL, P., LARRUE, C., Y VARONNE F. (2008) *Análisis y gestión de políticas públicas.* Editorial Ariel. Barcelona. pp. 50-68.

THEODOULOU, S. (2013). *The structure and context of policy making. Public Policy.* The Essential Readings. (2ed.) Pearson. EUA, New York. pp. 287-299.

VILLARREAL, M. (2009) *Participación y gestión pública en Nuevo León, México Revista Enfoques: Ciencia Política y Administración Pública,* vol. VII, núm. 11, pp. 415-437 Universidad Central de Chile Santiago, Chile.

Segunda etapa del proceso de Política Públicas: ***La hechura: una acción social***

KARLA SABRINA RIEBELING PÉREZ[1]
FRANCISCO JOSÉ RODRÍGUEZ ESCOBEDO[2]
LUCETT GUADALUPE JIMÉNEZ MARTÍNEZ[3]

El político debe ser capaz de predecir lo que va a ocurrir mañana, el mes próximo y el año que viene, y de explicar después por qué no ha ocurrido.
Winston Churchill

Introducción

El presente capítulo tiene como objetivo el análisis de la segunda fase de la elaboración de políticas públicas, la cual es conocida también como la formulación, el diseño o la hechura de la política. Para lograr el objetivo, se aborda el concepto, el proceso y la formulación de la política pública, asimismo el punto medular de la investigación es la caracterización y el análisis de los diferentes modelos y enfoques de las políticas públicas para finalizar con las consideraciones finales.

Como señala Roth (2002:17) el nuevo contexto político y económico internacional, así como las exigencias nacionales, regionales y locales para aumentar la democracia, la participación, la

---

1 Estudiante del doctorado en Ciencias de Gobierno y Política en el Instituto de Ciencias de Gobierno y Desarrollo Estratégico de la BUAP.

2 Doctor en Ciencias Socioeconómicas. Profesor investigador titular en el Instituto de Ciencias de Gobierno y Desarrollo Estratégico de la BUAP. Miembro del SNI, Nivel I.

3 Estudiante del doctorado en Ciencias de Gobierno y Política en el Instituto de Ciencias de Gobierno y Desarrollo Estratégico de la BUAP.

autonomía y para fortalecer, por ejemplo, las medidas para la protección del medio ambiente, ponen a los Estados frente a nuevas problemáticas. Es por ello que es imprescindible abordar el concepto de política pública.

La política pública: un concepto necesario

En la literatura existe una gran diversidad de definiciones de política pública. Por ejemplo, como menciona Lowi (1972), políticas públicas institucionales, "son los mecanismos de acción del Estado desarrollados por el gobierno, a través de procesos por los cuáles la sociedad se organiza". Canto (1996: 46) expresa que las políticas públicas son "cursos de acción tendientes a la solución de problemas públicos, definidos a partir de la interacción de diversos sujetos sociales, en medio de una situación de complejidad social y de relaciones de poder, que pretenden utilizar de manera más eficiente los recursos públicos y tomar decisiones a través de mecanismos democráticos, con la participación de la sociedad".

Lindblom (1991: 7) considera que política pública, se refiere a "procesos", "decisiones" "resultados",..., pero sin que ello excluya conflictos entre intereses presentes en cada momento, tensiones entre diferentes definiciones del problema a resolver, entre diferentes racionalidades organizativas y de acción, y entre diferentes perspectivas evaluadoras". Por otro lado, Moore (1998) sostiene que "toda política pública debe generar valor público". Aguilar (2011:31) concibe a la política pública como "un plan específico de acción, un plan limitado, orientado hacia el logro de objetivos relacionados con la solución de problemas públicos específicos y con la mejora de situaciones de la vida social, cada una de las cuales es diferente y posee su propia circunstancia".

Visto desde otra perspectiva, según Cardozo (2013: 40), las políticas públicas "constituyen respuestas diseñadas y aplicadas, a través de procesos políticos y técnicos, para resolver problemas que, por su relevancia para importantes sectores de la sociedad, no son factibles de enfrentarse eficazmente desde el ámbito privado". De acuerdo a Rodríguez (2021: 16.):

> El término política pública puede designar la política gubernamental o estatal en un determinado país o grupo de países, cuando reúne ciertas condiciones. En este sentido tal expresión designa normalmente "las estrategias de acción", es decir, las políticas que le son normalmente imputables a los gobiernos en su cotidiano quehacer frente a la gran diversidad de áreas de problemas y de situaciones que enfrentan en cada coyuntura, cuando de tales estrategias puede sostenerse que tienen sentido público, que sirven al interés público, y/o que responden al resultado de voluntades individuales del público ciudadano.

A partir de las definiciones anteriores se puede considerar que la política pública se trata de un proceso de toma de decisiones en donde intervienen una gran cantidad de actores, como el gobierno, los ciudadanos y los grupos de poder. En este sentido, la política pública se entiende como la acción social en pro de resolver algún problema o conflicto de interés público a través de ciertos mecanismos. En suma, las políticas públicas son una respuesta a las voluntades colectivas.

Entonces es posible decir de acuerdo a Roth (2002: 27) que "hay cuatro elementos centrales que permiten identificar la existencia de una política pública: implicación del gobierno, percepción de problemas, definiciones de objetivos y proceso".

¿Un sólo proceso para la elaboración de las políticas públicas?

Es bien sabido que no siempre se tiene un orden, como señala Lindblom (1991:13) la formulación de políticas públicas es un proceso no claro, el método del "paso a paso" corre el riesgo de caer en el supuesto de que la formulación de políticas se lleva a cabo mediante un proceso ordenado y racional, algunas de las características de la elaboración de políticas evidencian lo contrario ya que la solución para un grupo supone un problema para otro. En esta sintonía, Subirats (2008) considera al proceso de políticas públicas como un proceso abierto e interrelacionado; no de forma unidireccional sino complementaria.

Por otra parte, Wildavsky (1977) prefiere hablar del "ciclo de la política" cuyos momentos son: "fijación de la agenda, análisis de la cuestión, implementación, evaluación y terminación". Anderson (1984), divide el proceso de la política en: "identificación del problema y formación de la agenda, formulación, adopción, implementación y evaluación". De León y Brewer, citados en Rodríguez (2021: 37), hablan de: "iniciación, estimación, selección, implementación, evaluación y terminación".

Desde otro punto de vista, el *policy cycle* propone una descomposición de la política pública en una serie de etapas o de secuencias lógicas. Esta propuesta por Jones, citado en Roth (2002: 49) distingue cinco fases en la vida o el desarrollo de una política pública: identificación de un problema, formulación de soluciones, toma de decisión, implementación y evaluación. De hecho, el proceso de una política pública puede perfectamente iniciarse en cualquiera de estas fases, obviar una u otra fase o invertir las etapas. No obstante, como señala Roth (2002: 52) "estas mismas ventajas tienden a sesgar el análisis".

Por otra parte, Lindblom (1991: 11) indica que un método popular en los últimos años es el de separar la elaboración de políticas públicas en sus distintas fases y después analizar cada una de ellas. Primero se estudia cómo aparecen los problemas y se recogen en la agenda de decisiones del gobierno sobre políticas públicas, luego se estudia cómo la gente plantea los temas para la acción, cómo proceden los legisladores, cómo luego los funcionarios implementan las decisiones y finalmente cómo se evalúan las políticas.

A partir del análisis del proceso o etapas de las políticas públicas, se puede observar que no existe un consenso uniforme al respecto, no obstante, es importante precisar que para efectos del presente trabajo se consideran en el siguiente orden: incorporación a la agenda de gobierno, la formulación de la política, implementación y evaluación. Es así como en esta investigación, se analiza y se hace un énfasis en la segunda etapa.

La hechura de la política pública

La hechura de una política de acuerdo con Cardozo (1983: 177), se debe entender como la fase en la que se determinan los objetivos, se analizan las alternativas, se evalúan las consecuencias, se reciben presiones de grupos externos, se negocia con ellos y con los diversos sectores de opinión divergentes para llegar finalmente a una decisión que define la política.

En esta fase, las redes de actores establecen un puente entre las estructuras jerárquicas administrativas y la lógica del mercado. El Estado ya no sabe todo y no es capaz de saberlo todo, y menos aún de imponerse en la sociedad mediante un proceso de implementación vertical de tipo comando – control. De acuerdo a Roth (2007:44) se produce un proceso de reconocimiento de necesidad mutua de los actores.

De acuerdo a Jones citado en Roth (2002: 52) en el diseño o formulación de la política pública:

> El análisis y la política determina cómo el tema de la agenda se traduce en una decisión autorizada: una ley, un reglamento, una orden administrativa o una resolución. En este sentido señala que hay dos pasos en la formulación de políticas: en primer lugar, se presentan propuestas de políticas alternativas que pretenden inyectar racionalidad y análisis técnico al proceso. Los analistas de políticas llaman la atención de los tomadores de decisiones políticas sobre estas alternativas con sus recomendaciones. En segundo lugar, la prescripción de la política se elige entre las alternativas, incluida la opción de no acción. Esto generalmente se logra mediante la obtención del apoyo de una mayoría. Lo que se produce aquí es una decisión vinculante o una serie de decisiones de funcionarios electos o designados que no son necesariamente expertos pero que presumiblemente son responsables ante el público.

En este sentido, la formulación es un paso vital donde una vez que se reconoce la existencia de un problema social, entonces se procede a construir la política. Como momento de la secuencia, posee un reconocimiento especial, puesto que es aquí en el que se perfila el modelo de adquisición de decisiones. Este modelo apunta a cómo el decisor elige opciones de políticas para la resolución del problema; decisión que tiene lugar gracias a la libertad del actor político que decide o a los factores externos que no puede controlar (Roth, 2002:74).

Como lo expresa Roth (2002: 74):

> Idealmente durante esta etapa de formulación o diseño, se establece un proceso de análisis del problema, de búsqueda de argumentos y de contra argumentos, de propuestas y de indagación acerca de las consecuencias posibles de tal o cual solución. Por lo general la elección es el resultado de una actividad política en la cual los actores entran en conflicto, buscan aliados, negocian acuerdos, juegan con sus capacidades comunicativas, de propaganda, de movilización, de información. Incluso, el tiempo puede ser un aliado o un enemigo según los intereses de cada actor.

De acuerdo con Lindblom (1991:11) para entender quién y cómo se elaboran las políticas, lo primero que hay que hacer es entender las características de los participantes, en qué fases y qué papeles juegan, de qué autoridad u otro poder disfrutan, y cómo se relacionan y controlan unos a otros. Hay muchos tipos de participantes y cada uno juega un papel especial: los ciudadanos, los líderes de los grupos de interés, los legisladores, los líderes del Poder Legislativo, los miembros de los partidos políticos, los jueces, los funcionarios, los expertos técnicos y los empresarios.

Hay que considerar según Lindblom (1991:13) que además, las políticas a veces se formulan a través del compromiso de los decisores de políticas públicas, sin que ninguno tenga bien presente los problemas a los que responde la política acordada. A veces como acabamos de ver, las políticas surgen de oportunidades más que como respuestas a problemas. Hay que estudiar la elaboración de las políticas públicas como un proceso muy complejo sin principio ni fin y cuyos límites permanecen inciertos.

También es importante enfatizar que de acuerdo con Lindblom (1991:15):

> Las políticas y sus resultados difieren entre los sistemas democráticos y en los autoritarios. Los sistemas autoritarios, por ejemplo, no persiguen políticas de protección de libertades ciudadanas. Los

> sistemas autoritarios tampoco garantizan el derecho convencional de propiedad privada. Los sistemas democráticos siempre lo hacen.

De esta manera, en todos los sistemas políticos, los decisores activos que actúan de modo inmediato y próximo a las políticas públicas, constituyen una pequeña proporción de la población adulta. Dado su control sobre la elaboración de las políticas, éstos constituyen una élite, compuesta por jefes del Ejecutivo, miembros del Gabinete, miembros del Congreso, miembros de la Administración Pública que elaboran las políticas, y en algunos sistemas, altos cargos militares. No obstante, en todos los sistemas, y aun en los no democráticos, las personas que participan de alguna manera en el juego del poder para elaborar las políticas públicas son millones (Lindblom, 1991:58). Aunque las normas democráticas aumentan la participación, aun así requieren una élite de decisores de políticas públicas.

Las características de la política pública: una acción social

En el proceso de diseñar o hacer políticas públicas influyen diversos factores, que se explicarán a detalle más adelante, sin embargo, un factor determinante es el contexto en el que se pretende diseñar la política. La primera característica de este contexto son las sociedades pluralistas en las que se vive en la actualidad y que han determinado el diseño de las políticas públicas en los últimos años.

> Se parte del supuesto pluralista en el que poderes y recursos se distribuyen de manera desigual, y en el que los procesos decisionales son más bien el resultado de interacciones múltiples en las que participan muchos actores (políticos electos, funcionarios de todos los niveles, pero también partidos, grupos de interés, expertos, académicos, medios de comunicación) de manera simultánea (Subirats, 1991:8).

Este contexto pluralista, en el sentido de explicar procesos de intervención pública en sociedades plurales, es determinante para analizar los cursos de acción desde la perspectiva de las políticas públicas (public policy) ya que se han desarrollado diversos estudios en los cuáles se analiza la política en acción donde las interacciones son múltiples tanto de los diversos actores que participan en ella, como también, desde la interacción con otras disciplinas académicas como la administración pública, la sociología, etcétera. Por esto, autores como Subirats y Lindblom señalan que el diseñar políticas públicas es una acción social ya que "se burocratizan los procesos políticos y se politizan los procesos burocráticos, se socializan unos y otros (Subirats, 1991:9), es decir, en el diseño de las políticas públicas existe un elevado nivel de socialización, como también, un elevado nivel de concertaciones donde las líneas entre los políticos y los burócratas se pueden volver confusas y entonces la meta es lograr un equilibrio de tensiones entre estos actores (Subirats, 1991:5).

Subirats afirma que dicha confusión es una característica propia del contexto mismo en el que se pretende diseñar una política pública. Por lo tanto, lo que resulte de la interacción entre la política y la administración, como también, de la interacción de este enorme conjunto de actores involucrados daría lugar a una política pública sólo si el consenso lo permite, esto sería el equilibrio inestable necesario que menciona Donsire citado por Subirats (1991:5). El enfoque de la política pública que se menciona intenta desprenderse del método formal – institucionalista, de tal forma, que se sustituya con una aproximación empírica, con la idea de generalizar hipótesis explicativas que surjan de los análisis de la toma de decisiones y de la misma materialización de las políticas, por medio del método comparado.

> Es así como la política concebida como acción, y no tanto como estructura, y el fundamento en la matriz social de toda actividad política y administrativa, serían pautas que seguir, en un análisis que se pretende centrar en las causas y consecuencias de esa actividad (Subirats, 1991:6).

Por otra parte, para Subirats el proceso de la política pública tiene que ver con analizar a conciencia las relaciones entre los actores en términos de reconstruir procesos de actuación de los poderes públicos, a través del análisis de relaciones, conflictos y alianzas entre los actores que forman parte de los procesos políticos, y que son, objeto de análisis y de las formas de representación, dicho análisis debe tener como objetivo analizar de forma particular las acciones de los actores en el desarrollo y materialización de una política pública (Subirats, 1991:7). Por lo tanto, Subirats reconoce que cuando se trata de política pública también se refiere a procesos, decisiones, y, sobre todo, resultados, sin excluir las tensiones que pueden presentarse al momento del diseño de una política pública. Es decir, cuando se presenta la oportunidad de diseñar un curso de acción público, los actores intervinientes, se encontrarán con un panorama de "poderes en conflicto, enfrentándose y colaborando ante opciones y cursos de acción específicos" (Subirats, 1991:7).

Enfoques y modelos para el estudio de las políticas públicas

Existen diversos enfoques y modelos teóricos que se proponen en la hechura de las políticas públicas. Sin embargo, autores como Aguilar Villanueva reconocen la debilidad que existió en el siglo XX en este proceso. La hechura/diseño de las políticas públicas han sido poco estudiado y es notable el descuido y olvido al respecto como se reconoce en la actualidad. A su vez, autores como Lindblom examinan que la mayoría de las veces que se realiza una política pública se hace de manera informal "para salir del paso" (Lindblom, 1991: 13). Por eso los factores más comunes, que normalmente consideraba un gobierno, en la elaboración de las políticas públicas son: la estructura económica, el conflicto de clases, el interjuego de los grupos de interés, el comportamiento del entorno social o cultural del sistema político (Aguilar, 1992:16). Se contempla que los gobiernos carecen de la capacidad de elegir sus propias acciones, y por ello, a raíz de esta situación se comenzó a estudiar más a la política que a las políticas públicas; la política como parte determinante del sistema político que envuelve a las políticas. Una consideración importante es la observación de la dicotomía política – administración en sus diversos sentidos,

Aguilar señala que las políticas públicas eran consideradas menores por lo que se le denominaban como operativas y auxiliares: "la hechura de la política no tenía autonomía alguna o apenas relativa para la ciencia política convencional y, en contraste, tenía toda la autonomía para la administración pública" (Aguilar,1992:17), por lo que el resultado final era el consenso político y un objeto de estudio externo de las dos disciplinas. Bastaba con identificar las relaciones de poder existentes en el entorno de dicha política para conocer la lógica que obedecía al proceso decisorio de dicha política; de esta forma se podía suponer tanto sus alcances como sus limitaciones. Sin embargo, se reconoce que "fue alto el precio pagado por causa del descuido teórico del proceso de elaboración de las políticas" (Aguilar, 1992:18) ya que el crecimiento del aparato gubernamental en el siglo XX fue, y en algunos países latinoamericanos, todavía es incapaz de resolver conflictos sociales.

A diferencia del pasado, en la actualidad, la decisión sobre las políticas públicas empieza a tomar relevancia en la teoría política y administrativa a raíz de la pluralidad de las sociedades y otros factores determinantes como lo explica Aguilar Villanueva.

> La progresiva pluralidad, diferenciación, autonomía y en muchos rubros autosuficiencia de los individuos y de los grupos ha ido desmantelando la tradicional visión colectivista – masista de la política, en mucho producto de las férreas teorías sociales estructurales y de la dilatada intervención estatal (Aguilar, 1992:19).

La interacción entre gobierno y sociedad se ha intensificado, el lugar crítico del consenso y del conflicto son las políticas de interés público porque en ellas se determina la representatividad, la constitucionalidad, publicidad y racionalidad de los gobiernos (Aguilar, 1992:20). Ahora existe esta búsqueda de equilibrios entre el Estado y la sociedad con la característica agregada de que la sociedad debe ser más autónoma. A raíz de esta interacción que constituye una multiplicidad de actores, la complejidad se eleva por lo que se vuelve sumamente indispensable realizar políticas públicas bajo un estricto orden tanto científico como lógico y técnico. Aguilar Villanueva define dos acercamientos a la definición de política (policy): uno descriptivo y otro teórico. En el descriptivo debate si la política es sólo una decisión del gobierno o si implica algo más. En la parte teórica asegura que la política pública varía de acuerdo con la teoría politológica a la que se adhiera, es decir, las características de una política van a ser proporcionales al constructo teórico con la que se diseñe. Por esto, algo importante a destacar es que al realizar el ejercicio de contestar ¿por qué se aceptó esa política pública? ¿Por qué se diseñó y por qué se calificó como estratégica? Se obtendrá como resultado una construcción teórica. En palabras de Aguilar Villanueva "la consistencia o vulnerabilidad de cualquier construcción teórica sobre el *policy process* está prejuzgada por la teoría mayor de referencia" (Aguilar, 1992: 29).

Respecto a la definición descriptiva el concepto de política parte de una construcción que destaca elementos de un proceso observable, por esto, Aguilar plantea un elemento sumamente trascendente en la hechura de la política: el análisis, y para ello recurre a Hedo:

> La política no es un fenómeno que se autodefina, sino una categoría analítica. Es el análisis el que identifica su contenido, no los dichos del decisor de la política ni las piezas de la legislación o de la administración. No hay tal cosa como un dato evidente o inequívoco que constituya la política y que se encuentre en el mundo a la espera de ser descubierto... La política existe no por intuición sino por interrogación de los fenómenos políticos (Hedo, 1975:85 citado por Aguilar, 1992:22).

Aguilar Villanueva recopila componentes comunes en las políticas como: el institucional, el decisorio, el comportamental y el causal (Aguilar, 1992:24) que se explican a continuación en la siguiente tabla:

Tabla 1.

Componentes comunes que intervienen en la política pública

COMPONENTE COMÚN	EXPLICACIÓN
Institucional	La política es elaborada o decidida por una autoridad formal legalmente constituida en el marco de su competencia y es colectivamente vinculante.
Decisorio	La política es un conjunto-secuencia de decisiones, relativas a la elección de fines y/o medios, de largo o corto alcance, en una situación específica y en respuesta de problemas y necesidades.
Comportamental	Implica la acción o la inacción, hacer o no hacer nada; pero una política es, sobre todo, un curso de acción y no sólo una decisión singular.
Causal	Son los productos de acciones que tienen efectos en el sistema político y social.

Elaboración propia con información de Aguilar, 1992:23.

Una aseveración importante, y el eje principal de este trabajo, es destacar que la política se caracteriza por una serie de múltiples decisiones, por esto diversos autores la definen como un curso de acción en el que intervienen un conjunto mayor de actores y no como una decisión en singular. "La política es entonces un proceso, un curso de acción" (Friedrich, 1963:79; Anderson, 1984:3) como también Aguilar contribuye con una definición de política más concreta:

> Es una estrategia de acción colectiva, deliberadamente diseñada y calculada, en función de determinados objetivos. Implica y desata una serie de decisiones a adoptar y de acciones a efectuar por un número extenso de actores (Aguilar, 1992: 26). Y reafirma: la política es

> un curso de acción colectiva, que se considera contundente y eficiente para producir la configuración social deseada (Aguilar, 1992:26).

A raíz de estas definiciones, por un lado, Aguilar Villanueva recapitula la institucionalidad y puntualiza los elementos que debe contener una política bajo la perspectiva del *policy – making* que define a la política como un conjunto de actividades relacionadas. La política es (Aguilar, 1992:26):

a. El diseño de una acción colectiva intencional

b. El curso que efectivamente toma la acción como resultado de muchas decisiones e interacciones que comporta y, en consecuencia

c. Los hechos reales que la acción colectiva produce.

Por otro lado, Lowi contribuye a la discusión al hacer énfasis en la importancia de la clasificación de las políticas de acuerdo con los resultados en costos y beneficios de una política en específico. En palabras de Aguilar "a Lowi le debemos la clasificación canónica de las políticas: regulatorias, distributivas y redistributivas" (Aguilar, 1992:32). La relevancia de esta clasificación es distinguir las características particulares que le pertenecen a cada tipo de políticas.

Tabla 2.
Características de las políticas

TIPO DE POLÍTICA	CARACTERÍSTICAS
Política distributiva	Término acuñado por primera vez para las políticas agrarias del siglo XIX que se extendió rápidamente a las demás políticas. Operan a corto plazo sin considerar la limitación de recursos. Políticas arancelarias Se caracterizan por la facilidad con que pueden desagregarse los recursos y repartirse en pequeñas unidades independientes las unas de las otras y libres de otra regla general.
Política regulatoria	La decisión regulatoria involucra una elección directa sobre quién se verá afectado y quién beneficiado en el corto plazo. El impacto de las decisiones regulatorias se refleja directamente en la elevación de los costos y/o en la reducción o aumento de las opciones individuales. Las políticas regulatorias sólo pueden desagregarse por sectores.
Política redistributiva	Las categorías afectadas por su impacto son cercanas a las clases sociales. El objetivo persigue la propiedad misma. La naturaleza de una política redistributiva son las expectativas de la redistribución.

Elaboración propia con información de "Arenas de poder: un esquema interpretativo para los estudios de caso" de Theodore Lowi en la antología "La hechura de las políticas" de Aguilar Villanueva (1992: 98-118).

A su vez, Lowi hizo énfasis en los tipos de políticas y también agregó lo que denomina arena de poder "las áreas de política o de actividad gubernamental constituyen arenas duales de poder. Cada arena tiende a desarrollar su propia estructura política, su proceso político, sus élites y sus relaciones de grupo" (Lowi, 1992:101). El autor señala la importancia de identificar dichas arenas para el trabajo de investigación de la ciencia política, de esta manera el investigador con mayor facilidad puede formular hipótesis acerca de los atributos de cada política y comprobar las relaciones empíricas que pueda anticipar o explicar. A continuación, un cuadro explicativo de dichas arenas:

Tabla 3.

Tipos de arenas políticas

ARENA	CARACTERÍSTICAS
La arena distributiva	La arena es pluralista sólo en el sentido de que en ella opera un gran número de pequeños intereses perfectamente organizados. Alto número de participantes. Los decisores deben tener una sensibilidad con respecto a las cuestiones de igualdad, congruencia, imparcialidad, uniformidad y moderación. En la arena distributiva, las relaciones políticas se aproximan a la "no-interferencia mutua" (Schattschneider) La base típica de la coalición son intereses no comunes lo que deriva en intercambios de apoyo mutuo. Las relaciones entre los intereses y entre los intereses y el gobierno varía. La naturaleza y las condiciones de estas variaciones son precisamente el interés del análisis político.

La arena regulatoria	Compuesta por multiplicidad de grupos organizados en actitudes compartidas. Contexto reducido y es posible que se acepte el planteamiento pluralista más extremo. La base típica de la coalición es la interacción conflictiva entre los grupos. La estructura de poder característica de las políticas regulatorias es poco estable, ya que, las coaliciones se modifican a medida que cambian lo intereses.
La arena redistributiva	Escasez de estudios de caso. La mayoría de los estudios de caso se refieren a: la batalla por el Estado de bienestar de los años treinta. En las políticas redistributivas nunca habrá más de dos lados y éstos son claros, precisos, estables y consistentes. La negociación es posible, pero sólo para reforzar o suavizar el impacto de la redistribución. La naturaleza de las políticas redistributivas influye políticamente en la centralización y la estabilización del conflicto, como también, influye para que la toma de decisiones se desplace fuera del congreso. Requieren un equilibrio complejo a gran escala.
Elaboración propia con información de "Arenas de poder: un esquema interpretativo para los estudios de caso" de Theodore Lewi en la 1ª. Antología de Aguilar Villanueva (1992:98-118) "La hechura de las políticas".	

Aparte de explicar ampliamente los tipos de política que existen, otra contribución importante de Lowi es el "Esquema interpretativo general" de la hechura de las políticas, en este esquema el autor integra los enfoques establecidos para facilitar el estudio científico de la política. El siguiente esquema facilita al investigador la posibilidad empírica, es decir, con la identificación de las arenas políticas es más factible crear hipótesis sobre la hechura de la política pública y contrastarla en el terreno de lo empírico. Y aunque aún existen pocos estudios al respecto de la hechura o diseño de las políticas públicas las bases teóricas y los estudios de caso ya existentes fomentan y establecen precedentes relevantes para el continuo estudio científico de las políticas públicas.

Cuadro 1.

Arenas y relaciones políticas

Arena	**Unidad política primaria**	**Relación entre unidades**	**Estructura de poder**	**Estabilidad de la estructura**	**Lugar principal de decisión**	**Implementación**
Distribución*	Individuos, empresa, corporación	Intereses no compartidos, no interferencia mutua, intercambio de favores y apoyo	Élites no conflictivas con grupos de apoyo	Estable	Comité del Congreso y/o Agencias de Gobierno	Instancia centralizada en una unidad administrativa con funciones precisas a cumplir
Regulación**	Grupo	Coaliciones, intereses compartidos, negociaciones	Pluralista, multipolar, teoría del balance	Inestable	Congreso en su función clásica	Instancia descentralizada por delegación con control mixto.
Redistribución	Asociación	Asociaciones cúpula, afinidades ideológicas y de clase	Élites en conflicto	Estable	Ejecutivo y organizaciones cúpula	Instancia centralizada en las cúpulas directivas con normas determinadas

*La política distributiva tiende a institucionalizarse alrededor de una unidad institucional. Con frecuencia el comité del congreso, pero con otros muchos casos, como en la política agrícola en la agencia de gobierno o la agencia y el comité.

**Debido a que son muchos los intereses organizados presentes en la arena regulatoria son también muchos los casos de coaliciones exitosas en el intercambio de apoyos, los cuales en mucho se asemejan a las coaliciones propias de la arena distributiva. En efecto, es de grado la diferencia entre la arena regulatoria y la distributiva, aunque la forma predominante de coalición en la política regulatoria obedezca a intereses comunes o tangenciales. De todos modos, aun si la diferencia es de grado, no deja de ser importante, este tipo de procedimiento de coalición el que ocasiona que la arena regulatoria sea más inestable, impredecible y no elitista (balance de poderes). En cambio, si se observa la arena redistributiva, se encontrarán diferencias de principio entre los grupos en cuestión.

Cuadro tomado de "Arenas de poder: un esquema interpretativo para los estudios de caso" de Theodore Lewi, en la 1ª Antología "La hechura de las políticas" de Aguilar Villanueva (1992:98-118).

Consideraciones finales

Entre los hallazgos del presente trabajo, se pudo observar que en la hechura de la política pública influyen una gran cantidad de actores, como el gobierno, los ciudadanos, así como también nuevos actores como los grupos de poder o incluso las empresas. Asimismo, se analizó que dicho proceso no es lineal, en ocasiones sí sigue algunas etapas o fases, pero en otras solamente surge como un problema digno de incorporarse a la agenda pública. También es importante señalar que en el diseño de la política pública las respuestas dadas dependerán del tipo de régimen del que se trate, democrático o autoritario. En este sentido, la participación ciudadana cobra una presencia relevante en los regímenes democráticos, no así en los regímenes de carácter autoritario.

Por otro lado, es necesario enfatizar que la hechura o el diseño de la política en los países latinoamericanos es un tema que aún se tiene pendiente, sin duda, aún queda mucho camino por recorrer.

Finalmente, es relevante señalar que en la hechura de las políticas públicas es importante definir qué tipo de política se va a construir, posteriormente, elegir bajo qué perspectiva teórica se va a diseñar, como también, tener en cuenta que en el proceso de diseño de una política intervienen factores externos que pueden jugar un papel determinante; como el análisis de políticas anteriores para evitar errores que se pudieron cometer en ellas, también vale la pena identificar el tipo de arena política que envuelve el contexto de dicha política, y por supuesto, considerar los recursos económicos y humanos con los que se cuenta, y siempre tener en consideración que en la correcta hechura de una política pública lo relevante es la búsqueda del consenso entre la multiplicidad de actores, es decir, la acción social que ésta implica.

Fuentes consultadas

AGUILAR VILLANUEVA, LUIS F. et al (1992). "La hechura de las políticas", Antologías de Política Pública. Miguel Ángel Porrúa, México. Disponible en:http://www.fundacionhenrydunant.org/images/stories/biblioteca/Politicas-Publicas/QL-vT7L41Vk.pdf.pdf

AGUILAR VILLANUEVA, LUIS F. (comp.) (2011). Política pública, 1ª ed., Biblioteca básica de Administración Pública, Siglo XXI, México.

ANDERSON, J. T. (1984). Public Policy-Making, 2ª ed., Holt, Rinehort and Winston, Nueva York.

CANTO CHAC, M. (1996). "Introducción a la ciencia de políticas", en Mauricio Merino (coord.), Política pública y gestión local, Colegio Nacional de Ciencias Políticas y Administración Pública, México.

CARDOZO BRUM, M. (1983). Formulación de políticas, Centro de Investigación y Docencia Económica (CIDE), México.

JONES, CHARLES. (1984). An Introduction to the Study of Public Policy. Belmont, CA: Wadsworth.

LINDBLOM, CHARLES E. (1991). "El análisis para la formulación de políticas", en El proceso de elaboración de políticas públicas, Ministerio para las Administraciones Públicas de Madrid, MAP. Versión en español. Disponible en: https://comunicandoparaeldesarrollo.files.wordpress.com/2015/04/2-el-proceso-de-politicas-publicas-elaboracic3b3n.pdf

LOWI, T. J. (1972). "Four Systems of policy, politics and choice", en Public Administration. Review 32 (4), 298-310.

MOORE, M. (1998). Gestión estratégica y creación de valor en el sector público, Barcelona, España: Paidós.

RODRÍGUEZ E, Francisco J. (2021). "Políticas públicas y su focalización a programas públicos del sector social". 1ª edición, Consejo Mexicano de Ciencias Sociales, Miguel Ángel Porrúa, México.

ROTH, D, A. N. (2007). Enfoques y teorías para el análisis de las políticas públicas, cambios de acción pública y transformaciones del Estado, p. 29-63.

ROTH D, A. N. (2002). Políticas públicas: formulación, implementación y evaluación. Bogotá. Editorial Aurora.

SUBIRATS, J., Knoepfel, P., Larrue, C. y Varone, F. (2008). Análisis y gestión de las políticas públicas, Barcelona, España: Ariel.

WILDAVSKY, A. (1977). Speaking Truth to Power, Little Brown, Boston.

Tercera etapa del proceso de Políticas Públicas:

La implementación de las políticas

LUCETT GUADALUPE JIMÉNEZ MARTÍNEZ[1]
LUIS ANTONIO ZAMITIZ ZAYAS[2]
FRANCISCO JOSÉ RODRÍGUEZ ESCOBEDO[3]
FRANCISCO GUILLERMO GUTIERREZ ORTEGA[4]

«La esencia de la decisión final permanece impenetrable para el observador, a menudo, incluso para el que la ha tomado»
John F. Kennedy

Introducción

¿Cuál es la mejor manera de comprender la complejidad del proceso de elaboración de políticas públicas? Una de las formas más comunes para abordar el estudio de las políticas públicas ha sido el análisis de éstas visto como un proceso; de tal suerte que el proceso se divide para su estudio en fases o etapas, al respecto de lo anterior Lindblom (1991) señala:

> Un método popular en los últimos años es el de separar la elaboración de políticas públicas en sus distintas fases y después analizar cada una de ellas. Primero se estudia cómo aparecen los problemas y se recogen en la agenda de decisiones del gobierno sobre

---

1 Estudiante del doctorado en Ciencias de Gobierno y Política del Instituto de Ciencias de Gobierno y Desarrollo Estratégico de la BUAP.

2 Estudiante del doctorado en Ciencias de Gobierno y Política del Instituto de Ciencias de Gobierno y Desarrollo Estratégico de la BUAP.

3 Doctor en Ciencias Socioeconómicas por el Instituto de Socioeconomía, Estadística e Informática del Colegio de Postgraduados, Campus Estado de México. Director del Instituto de Ciencias de Gobierno y Desarrollo Estratégico de la Benemérita Universidad Autónoma de Puebla (BUAP). Miembro del SNI, Nivel I.

4 Estudiante del doctorado en Ciencias de Gobierno y Política del Instituto de Ciencias de Gobierno y Desarrollo Estratégico de la BUAP.

> políticas públicas, luego se estudia cómo la gente plantea los temas para la acción, cómo proceden los legisladores, cómo luego los funcionarios implementan las decisiones y finalmente cómo se evalúan las políticas (Lindblom, 1991: 11).

Si bien todas las fases de la elaboración de políticas públicas son importantes, Van Meter y Van Horn (1975) sostienen que los estudios de implementación habían sido un área desatendida de análisis porque los especialistas se habían enfocado en el proceso de toma de decisiones y no en la implementación. La literatura ha rescatado que hasta los años 70's del siglo pasado la implementación fue una de las etapas menos estudiadas debido a que se percibió una mayor atención en las etapas que la anteceden, por ejemplo, la decisión y diseño; posteriormente, el énfasis en la implementación surge de los fracasos de las políticas, los cuales radicaban en las etapas de aplicación o implementación y no precisamente en el diseño de la decisión (Jaime, Dufour, Alessandro, y Amaya, 2013). Otras observaciones señalan que la etapa de implementación, también implantación o ejecución, ha sido poco estudiada debido a que se tenía la hipótesis de que una buena formulación era lo necesario para el logro de los objetivos de las políticas públicas (Moreno, 1993; Méndez, 2020).

Asimismo, investigadores como Moreno (1999) han observado que incluso contando con los recursos necesarios, un buen diseño de política, leyes y normas, y sobre todo voluntad de los actores involucrados, si no se atienden los procesos de implementación cuidadosamente, difícilmente se cumplirán los objetivos de las políticas públicas.

En este sentido, el presente trabajo tiene como objetivo el análisis de la tercera etapa del proceso de las políticas públicas, la implementación, también conocida como ejecución, a través de dar respuesta a las siguientes interrogantes: ¿Quién es el responsable de implementar la decisión tomada? ¿Qué medios se usan para que la implementación se lleve a cabo de manera efectiva tal y como se diseñó? ¿Cuáles son los posibles problemas al momento de implementar la decisión? ¿Cuáles son las consecuencias de haberlo implementado de la forma que se diseñó?

Es por lo anterior que para lograr el objetivo, en el primer apartado se aborda el marco teórico y conceptual de la implementación de las políticas públicas. En el segundo apartado se analiza la etapa de implementación como un subproceso del proceso de las políticas públicas. En el tercer apartado se analizan los enfoques teóricos que se han identificado para la etapa de implementación. En el cuarto y último apartado se abordan los factores de influencia, éxito y fallas de la implementación de las políticas públicas, para concluir con las consideraciones finales.

Definición de implementación

Como bien se ha señalado la etapa de la implementación de políticas públicas ha sido una de las menos estudiadas, es por ello, que este apartado tiene la función de presentar las distintas propuestas que la definen.

Para Uvalle (1996) la implementación es "una secuencia de acciones que tienen por objeto llegar a resultados determinados, es la prueba fundamental de las políticas públicas, es un proceso donde concurren capacidades, organización, información, tecnología e inventiva heurística para llevar a cabo aquello que se ha decidido cumplir" (Uvalle, 1996: 113).

Para Pressman y Wildavsky (1973) la implementación es "el proceso de interacción entre la configuración de objetivos y las acciones para alcanzarlos" (citado en Parsons, 2007: 484).

Bardach (1978) establece que el proceso de implementación es: "1) un proceso de ensamblaje de elementos requeridos para producir un resultado programático particular, y 2) el agotamiento de un número de juegos vagamente interrelacionados en donde estos elementos son contenidos o entregados al proceso de ensamblaje en términos particulares" (Bardach, 1978: 57-58).

Por otro lado, Nagel (1997) señala que la implementación de políticas abarca aquellas acciones de individuos (o grupos) públicos y privados que afectan el logro de los objetivos establecidos en decisiones políticas anteriores.

Para Jaime et al., (2013) la implementación de la política "consiste en analizar cuáles son las acciones conducentes para llevar a cabo exitosamente la decisión, para alcanzar los objetivos y metas que la política se propone" (Jaime et al., 2013: 89); además se refiere a la implementación como el "conjunto de acciones y comportamientos que permiten transformar las intenciones u objetivos de una política pública en productos, resultados e impactos observables" (Jaime et al., 2013: 102).

Para Robichau y Lynn (2009) la implementación, descrita en términos generales, se define como las acciones tomadas por quienes participan en la administración (incluidos los gerentes en todos los niveles, los que participan en la prestación de servicios y los agentes de terceros) después de que los funcionarios electos han promulgado legalmente una política e interpretada por los tribunales.

De esta manera, se puede decir que la implementación es el proceso que ocurre entre las declaraciones formales de la política y el resultado final alcanzado. En otras palabras, la implementación es el llamado "eslabón perdido". "Es un momento, un proceso, a través del cual una política puede ser influenciada por diversas variables independientes -actores y factores- que pueden apoyar, alterar u obstruir el cumplimiento de los objetivos originales" (Revuelta, 2007:139).

Finalmente, la implementación para Aguilar (2000) será "el conjunto de acciones a encontrar, diseñar, llevar a cabo y unir, siguiendo el sentido y empleando la capacidad productiva de las condiciones iniciales, tendrán como consecuencia o efecto el acontecimiento terminal previsto" (Aguilar, 2000: 45).

De estas definiciones se puede observar el carácter táctico–práctico que caracteriza la etapa de implementación, de los elementos clave a considerar y la esencia dinámica del proceso, en el sentido de que es este un proceso en constante cambio o reacción que depende de elementos externos ya sea los actores, los recursos y su contexto, principalmente.

El proceso de la implementación de las políticas públicas

Entender el análisis de las políticas públicas como proceso permite, desde el enfoque de sistemas de Luhman, identificar y separar un proceso como un sistema funcional y al mismo tiempo descomponerlo de tal manera que se puedan observar otros microsistemas dentro de un macro sistema. De tal manera que permite observar la etapa de implementación como un subproceso del análisis de las políticas públicas.

Acerca de la definición de Jaime et al., (2013) acerca de la implementación, los autores refieren lo siguiente:

> No puede ser concebida sólo como un momento, sino que debe ser entendida como un proceso complejo a través del cual los diversos actores involucrados ponen en marcha–intencionalmente–la conexión causal cristalizada en el diseño de la política. Si durante el proceso se presentan defectos y la política sufre incumplimientos dicho vínculo se "destruye", conduciendo al fracaso de la política (Jaime et al., 2013: 102).

Una de las características más importantes del proceso de implementación de las políticas públicas es la precisión del proceso; el proceso de implementación comienza de una manera precisa, pero culmina de una manera confusa, esto se debe a que el proceso pasa por diferentes etapas de aceptación y resistencia cambiando en gran medida el modelo inicial propuesto al modelo real ejecutado (Jaime et al., 2013).

Otra característica es la no linealidad; el proceso de implementación no es lineal, esto se debe a las constantes dinámicas que se llevan a cabo, también derivadas de procesos de aceptación y resistencia, provocan conflictos, tensiones o ambigüedades, lo que propicia que se tomen acciones muy distintas a las previstas en el planteamiento inicial (Jaime et al., 2013).

Del mismo modo, otra característica significativa es que el proceso de la implementación es reflexivo, lo que se puede interpretar desde tres aspectos:

a) Es un proceso de aprendizaje, ya que debe revisarse permanentemente la validez de dichos marcos conceptuales,

b) Es un proceso evolutivo, dado que puede suponer acumulación, maduración y transformaciones, y

c) Es un proceso de creación de recursos y despliegue de coaliciones, ya que durante el proceso se procura sumar nuevas voluntades y adhesiones (Jaime et al., 2013: 103).

Por otro lado, en palabras de Moreno (1993), el proceso de implementación "debe tomar en consideración tres situaciones: 1) considerar el propósito legal; 2) la racionalidad instrumental que anima a los burócratas; y 3) la expectación que despierta la acción concertada que exige el contexto" (citado en Rodríguez et al., 2018: 101).

Por último, el proceso de implementación de las políticas públicas se enfoca en las consecuencias, más que en la eficiencia (Jaime et al., 2013), es decir, se debe entender esta etapa como "la convergencia de un conjunto de decisiones y de lógicas organizacionales que van concretando resultados e impactos" (Jaime et al., 2013: 105).

El estudio de la implementación como un subproceso del análisis de las políticas públicas ha permitido enfocarse de manera particular y específica en las dinámicas de la etapa misma, es decir, ha hecho posible que las y los investigadores logren obtener observaciones más precisas del tema.

Enfoques teóricos para el análisis: etapa de implementación

A lo largo del estudio de políticas y su análisis a partir del enfoque de proceso se ha podido observar la diversidad de propuestas que estudian las políticas públicas, ya sea de manera general, abarcando todo el proceso, o de manera particular, analizando cada una de las etapas. La importancia de identificar los distintos enfoques teóricos ubica a la o el investigador en un plano que le permite distinguir las posibilidades que pueda tener el analista de políticas, ya sea como diseñador, mediador, reparador o como operador/ejecutor de las decisiones; es por lo anterior, que en este apartado se presentan algunos de los enfoques teóricos que analizan la etapa de implementación de las políticas públicas.

Una primera propuesta acerca de los enfoques teóricos para el análisis de la etapa de implementación de políticas públicas la ofrece Jaime et al. (2013); los autores refieren que existen tres perspectivas básicas para analizar la etapa de implementación: el enfoque prescriptivo, el enfoque del proceso social, y la implementación evolutiva. A continuación, se describe:

Cuadro 1.

Perspectivas para el análisis de la implementación

Enfoque	Descripción

El enfoque prescriptivo	Busca identificar las condiciones necesarias para una adecuada implementación. Se resumen de la siguiente manera: a. Especificación de objetivos y metas, b. Asignación precisa de atribuciones y responsabilidades, c. Programación y estándares de operación suficientes, d. Recursos adecuados, e. Apoyo y conducción política. El modelo racional-deductivo de toma de decisiones y el tipo ideal burocrático de organización son considerados los patrones normativos. El perfeccionamiento de los procesos se logra a través de la modificación de los marcos de acción.
El enfoque del proceso social	La implementación constituye la esencia de la política pública; la implementación es quien determina la política, debido a que de la implementación depende su impacto en la sociedad. El énfasis está puesto en el poder, en las visiones y perspectivas, en los impactos y en la participación social. En este proceso los funcionarios interpretan las directivas, adaptan las respuestas, generan nuevos procedimientos y contemplan las lagunas de la política. La política se construye al nivel de la calle, lo que obliga a considerar o evaluar la influencia que ciertos aspectos culturales de la organización tienen sobre sus comportamientos y, por ende, sobre las consecuencias que la política produce (Lipsky, 1980).

La implementación evolutiva	En este enfoque los planes de acción existen sólo como posibilidades, cuya realización depende de cualidades intrínsecas como de elementos exógenos. De esta forma: i) La implementación configura las políticas: Las políticas son transformadas durante el proceso de implementación, la cual es necesaria para adaptar la política al contexto de restricciones institucionales, contextuales, que surgen durante este proceso y que no fueron (ni podrán ser) previstas en la fase de diseño o planificación. ii) Las políticas configuran la implementación: De acuerdo a las formas en que las políticas condicionan la implementación: a. A través del modelo causal que la política presupone, propiciando la información sobre las secuencias de acciones que deben guiar la implementación, y b. A través del contenido, delimitando el ámbito donde tiene lugar el proceso de implementación, determinando quiénes son los que participan en él, así como la relación entre aquéllos, definiendo los instrumentos disponibles para la acción, suministrando los recursos para llevar a cabo la implementación.

Fuente: Elaboración propia con base en Jaime et al. (2013: 107-110).

Por otro lado, de acuerdo a Roth (2002) los diversos enfoques normativos constituyen el lazo entre el proceso de decisión de una política y su proceso de ejecución. Entre ellos, se pueden identificar dos grandes concepciones: top-down y bottom-up, los cuales tienen direcciones opuestas. En la siguiente tabla se identifican las características más representativas de cada concepción.

Tabla 2.

Características de las dos concepciones

TOP – DOWN	BOTTOM – UP
Se desarrolla de arriba hacia abajo. Como postulado tiene la primacía jerárquica de la autoridad. Para lograr los objetivos como mejor estrategia se cree en el control, la planeación, la jerarquía y la responsabilidad.	Se desarrolla de abajo hacia arriba. Parte de los comportamientos concretos en el nivel donde existe el problema. Creen en la espontaneidad, en la capacidad de aprendizaje, en adaptación y en la concentración.

Fuente: Elaboración propia con base en Roth, 2002.

En este sentido, para el análisis del proceso de implementación se abordan los siguientes: 1) el modelo de la política racional o elección racional, 2) el modelo del "buen gobierno", 3) el modelo del proceso organizacional, 4) el modelo burocrático, 5) el enfoque de las coaliciones promotoras, 6) el institucionalismo político y 7) el enfoque incremental, los cuales se describen a continuación.

Entre los enfoques más utilizados para analizar y describir la implementación de políticas públicas y programas sociales se encuentra la elección racional, esta teoría propuesta por Arrow (1970) tiene sus raíces en la economía, y plantea que los individuos actúan de manera racional, es decir, que buscan maximizar su utilidad o beneficio a partir de una serie de opciones disponibles. Este supuesto describe cómo los individuos toman decisiones en situaciones de incertidumbre, y cómo los incentivos y las preferencias individuales influyen en la toma de decisiones.

Además, estas elecciones se realizan a partir de una comparación entre los costos y los beneficios de cada opción, los individuos tienen una preferencia por aquella opción que les proporciona la mayor utilidad, y pueden cambiar sus decisiones en función de cambios en estos incentivos por eso Roth afirma que "el ámbito del análisis de las políticas públicas se ha desarrollado a partir de una perspectiva fuertemente impregnada por la teoría de la elección racional por su ambición de fundar una verdadera ciencia (positivista) de la política pública directamente aplicable para los decisores políticos" (2007:51).

Asimismo, la teoría de la elección racional de corte económico se retoma en el ámbito político y se le denomina *Public Choice* (Fuenmayor, 2014). El *Public Choice* explica que los políticos y los funcionarios públicos son seres humanos que buscan maximizar su propia utilidad, al igual que cualquier otro individuo en una situación de mercado. En este contexto, la teoría del *Public Choice* argumenta que los políticos y los funcionarios públicos analizan sus incentivos y motivaciones para tomar decisiones. Sin embargo, este enfoque puede generar desigualdades sociales y económicas al dar prioridad a la maximización de la utilidad individual en lugar del bienestar social (Roth, 2007).

En el *Public Choice*, se considera que los políticos y los funcionarios públicos pueden estar más interesados en maximizar su base de votantes y su popularidad, incluso si esto significa aprobar políticas que no son óptimas desde un punto de vista económico o social, aunado a ello, las decisiones pueden estar influenciadas por grupos empresariales o políticos lo que impide que las políticas públicas impacten al interés público (Ortegón, 2008).

De acuerdo con lo anterior, es importante señalar que el modelo de política racional corresponde a la concepción clásica de Weber y Fayol entendida como el modelo ideal de un ente ejecutor de las decisiones políticas. Es así como Allison (1988: 60) señala que "este modelo supone que la decisión final de un gobierno va a ser siempre racional, ya que para llegar a dicha decisión el actor, que en este caso es el gobierno nacional, tomará en cuenta principios, alternativas y propósitos, siempre en concordancia con las metas políticas que el mismo gobierno se hubiese planteado". En este sentido, Rodríguez (2021) señala que "las organizaciones deben funcionar como maximizadoras racionales de valores que son eficientes en la medida en que maximizan el cumplimento de sus fines y objetivos prioritarios" (Rodríguez, 2021: 53).

Es por ello que "la utilidad del modelo residirá en dirigir la atención hacia los mecanismos con los que cuentan los responsables de la elaboración de las políticas y los administradores de alto nivel para estructurar y controlar el comportamiento de los subordinados" (Rodríguez, 2021: 53).

En suma, de acuerdo con el modelo racional, Allison (1988: 60) expresa que "el gobierno seleccionará la alternativa de mayor utilidad funcional, esto es, aquella que "encabeza todos los juegos posibles en orden de preferencia", se debe tener en cuenta que la toma de decisiones por parte de un gobierno debe combinar los valores, los objetivos, alternativas y consecuencias", es decir, el analista se tiene que "poner en el lugar del gobierno".

Como se pudo identificar este modelo es el tipo ideal del enfoque top-down, en el cual se concibe la administración como un sistema unitario con una línea de autoridad sencilla y claramente definida que observa estricta y uniformemente las reglas para llevar con bien los procesos de implementación de los objetivos de política pública (Roth, 2002).

Por otro lado, el modelo del proceso organizacional se basa en que "las organizaciones deberán funcionar para satisfacer las necesidades de autonomía y de control sobre su propio trabajo, de participación en las decisiones que los afectan y de compromiso con los objetivos de la organización" (Rodríguez, 2021: 53).

Siguiendo a Allison (1988: 61) se puede identificar que, a diferencia del modelo de la política racional, el modelo organizacional se olvida al gobierno en abstracto y se ve a cada organización como una unidad básica de análisis. Así pues, cada organización está orientada por metas y objetivos que condicionan su acción. Esto los llevará a maximizar ciertos valores particulares, que no necesariamente son compartidos por otras agencias gubernamentales. En suma, se deben tener en cuenta no sólo las reglas y los límites de las organizaciones sino también sus resultados.

A diferencia del modelo anterior, el modelo burocrático explica el comportamiento gubernamental mediante "juegos pactados" y no con base en resultados. Las decisiones se adoptarán guiadas por intereses políticos. De acuerdo a Rodríguez (2021, 54) "una de sus características es que obliga a enfrentar los patrones habituales de vida burocrática y a pensar la manera en que las nuevas políticas afectan las rutinas cotidianas de la gente que presta directamente los servicios; el modelo descubre un patrón frecuente de fracaso".

Es así como el modelo burocrático se convierte en "el mecanismo que permite ejecutar las políticas públicas del Estado, y siendo éstas de formulación, implementación y resultados de largo plazo necesitan de una estructura operativa que sea capaz de identificar y realizar los cambios necesarios en forma eficiente, eficaz y coherente" (Lasso-Molina, 2021: 16).

De acuerdo con Allison (1988: 63) para tener la capacidad de explicar el por qué se tomó una decisión gubernamental en particular o por qué se dio un patrón de conducta gubernamental específico es necesario "identificar con precisión los juegos y los jugadores, descubrir, alianzas, pactos y compromisos".

Siguiendo a Rodríguez (2021:54) de este modo, "los modelos burocráticos podrían ayudar a los tomadores de decisiones a distinguir los diferentes tipos de problemas. Aunque otro cuestionamiento sería saber dónde implementar".

Otro enfoque importante para analizar la implementación de políticas públicas es el desarrollado por Sabatier (1988), *advocacy coalition framework* o marco de coaliciones promotoras. Esta perspectiva explica cómo actores gubernamentales y no gubernamentales, incluyendo grupos de interés, empresas, organizaciones de la sociedad civil y ciudadanos individuales interactúan y se alían de forma formal o informal para promover ciertas políticas públicas. Estos grupos de interés tienen creencias y valores que influyen en la percepción de los problemas públicos y las posibles soluciones (Sabatier, 1988).

Majone (2005) enfatiza la importancia de participación de varios actores, es decir, la gobernanza en la implementación de políticas públicas. En su opinión, la gobernanza efectiva requiere un enfoque colaborativo que involucre a una amplia gama de actores. La gobernanza efectiva también requiere una clara asignación de responsabilidades y recursos, así como mecanismos adecuados para la rendición de cuentas y la evaluación del desempeño.

Continuando con la teoría de las coaliciones promotoras, ésta plantea que un programa gubernamental en una dependencia específica no sufrirá cambios significativos mientras la coalición promotora que inició el programa siga en el poder en esa dependencia, a menos que el cambio sea impuesto por un orden superior. Esto se debe a que la coalición promotora tiene un interés personal en mantener el programa tal y como está, pues está basado en sus valores, intereses o prioridades políticas.

Una segunda hipótesis establece que las variaciones externas al subsistema pueden ser necesarias, pero no suficientes para provocar un cambio a un programa gubernamental. Estas incidencias pueden incluir cambios en las condiciones socioeconómicas, la opinión pública, las coaliciones de gobierno del sistema total o los productos de las políticas de otros subsistemas. Sin embargo, a menos que una coalición promotora en el poder decida que es necesario revisar el programa gubernamental, el cambio no se producirá. Es decir, la coalición promotora tiene la capacidad de decidir cómo responder a las modificaciones externas.

En este sentido, Schlager citado por Martinón (2007) menciona que, la elaboración de políticas públicas en sistemas políticos complejos y fragmentados, se debe centrar en la interacción y el compromiso entre actores con intereses comunes para que pueda ser viable. Por ello, la teoría de Schlager también aborda el cumplimiento e incumplimiento de las políticas públicas. Según el autor, el cumplimiento de las políticas públicas depende de la capacidad de las coaliciones promotoras para influir en el proceso de formulación de políticas y para crear apoyo público para sus objetivos. Cuando se crea apoyo público para influir en el proceso de formulación de políticas, existe mayor probabilidad de que se cumplan las políticas públicas. Por otro lado, cuando las coaliciones promotoras fracasan en estos esfuerzos, las políticas públicas son más propensas a ser incumplidas.

Además, la teoría de las coaliciones promotoras, desarrollada por Sabatier, (1988) y Schlager, (1995), destaca la importancia del monitoreo de las políticas públicas para asegurar su cumplimiento. Cuando las políticas públicas son monitoreadas y aplicadas de manera efectiva, se reduce la probabilidad de incumplimiento y se aumenta la probabilidad de que se cumplan los objetivos de las coaliciones promotoras.

Es así como el cumplimiento de políticas públicas tiene relevancia pues contribuye al bienestar social, al desarrollo económico y al fortalecimiento del Estado de derecho, mientras que el incumplimiento puede generar consecuencias negativas como el aumento de la pobreza, la desigualdad, el deterioro del bienestar social y la debilidad del Estado de derecho (Acosta, 2010).

Respecto al monitoreo de la acción del gobierno, Majone (2005) argumenta que la regulación es un medio efectivo para implementar políticas públicas en un entorno cambiante y complejo. Según Majone (2005), la regulación es un proceso dinámico que puede adaptarse y ajustarse a medida que cambian las circunstancias políticas y económicas. Además, la regulación puede ser más efectiva que otros medios de implementación de políticas, como la administración directa o la financiación de programas.

Un enfoque adicional al estudio de la implementación de las políticas públicas es el institucionalismo político, este enfoque fue promovido y difundido por teóricos como, Anhony Downs, Douglas North y Samuel Huntington. Esta teoría plantea que el surgimiento de formas de organización política entre las que resalta el Estado moderno normó el comportamiento de los individuos a partir de instituciones políticas, entendidas como acuerdos formales e informales que reducen la incertidumbre, moldean el comportamiento de las personas y estabilizan expectativas (Kelsen, 1979).

Se dice que las instituciones políticas reducen la incertidumbre ya que, al establecerse acuerdos, que, en caso de ser incumplidos, darán origen a castigos y penas, los ciudadanos se incorporan a las reglas institucionales antes de asumir los costos de no hacerlo (Burdeau, 1993). Un elemento fundamental para este enfoque es el presupuesto, pues éste, es una de las principales instituciones en los sistemas políticos. De hecho, el Estado mismo surgió a partir de un arreglo fiscal. En sistemas democráticos, el presupuesto es, muy probablemente, el instrumento de gobierno más poderoso, ya que hace viable o imposible la realización de acciones de gobierno dirigidas a resolver problemas específicos (Burgoa, 1989).

El institucionalismo destaca la importancia de los aparatos de gobierno en la toma de decisiones y en la implementación de políticas públicas. El enfoque institucionalista se centra en el análisis de las estructuras y normas que rigen el comportamiento de los actores políticos y cómo estas estructuras afectan la forma en que se elaboran y se aplican las políticas públicas (De la Hoz, 2016).

En el ámbito de la implementación de políticas públicas, el institucionalismo se enfoca en cómo las instituciones afectan el éxito o fracaso de las políticas, pues las instituciones son las que proporcionan los recursos necesarios para llevar a cabo las políticas o establecen las reglas y procedimientos para la toma de decisiones y la ejecución de políticas. Además, el institucionalismo fomenta la coordinación y colaboración entre las diferentes instituciones y actores involucrados en la implementación de políticas públicas (De la Hoz, 2016).

Para finalizar, en este trabajo se aborda el enfoque incremental en la implementación de políticas públicas, éste reconoce que la toma de decisiones políticas es un proceso continuo y no un evento único. En lugar de partir de una definición precisa de los objetivos, se parte de una situación actual y se va avanzando poco a poco hacia una situación deseada, en un proceso repetido de prueba y error (Fernández Arroyo y Schejtman, 2012).

Este enfoque se basa en la premisa de la toma de decisiones en situaciones donde la información y el tiempo son limitados y los recursos son escasos, de esta manera, se establece que los responsables de la implementación de políticas públicas no tienen acceso a toda la información necesaria para tomar decisiones óptimas. En lugar de ello, se toman decisiones basadas en información incompleta o sesgada, lo que a su vez puede llevar a decisiones subóptimas (Cabrales Goitia y Rey, 2021). Aunque esto, se subsana con la obtención de la información más relevante y útil para tomar una decisión (Hernández, 2019).

Dentro de la teoría incrementalista existen dos visiones: a) el enfoque incrementalista simple que se refiere a la consideración de políticas alternativas que difieren sólo incrementalmente de lo que ya está establecido, mientras que b) el incrementalismo desarticulado se refiere a un proceso de toma de decisiones en el que se consideran las políticas de forma aislada, sin una visión completa de cómo estas políticas pueden interactuar o afectarse mutuamente (Aguilar, 2003).

El enfoque incremental muestra cómo las políticas públicas evolucionan gradualmente a lo largo del tiempo, en lugar de ser el resultado de una planificación integral y sistemática (Aguilar, 2003). Este enfoque asume que la implementación de políticas públicas es un proceso continuo que implica ajustes y adaptaciones a medida que se van descubriendo nuevos problemas, es decir, las políticas se ajustan a las condiciones existentes y a los recursos disponibles. Esto puede implicar la implementación de políticas de forma gradual, con pequeños cambios y ajustes a lo largo del tiempo. También puede significar que se aborden los problemas de forma reactiva, en lugar de proactiva (Cabrales Goitia y Rey, 2021).

A pesar de sus limitaciones, el enfoque incremental tiene algunas ventajas en la implementación de políticas públicas (Fernández Arroyo y Schejtman, 2012). Por ejemplo, este enfoque permite a los responsables de la implementación de políticas públicas hacer ajustes y adaptaciones a medida que surgen nuevos problemas o se descubren nuevas oportunidades. Además, puede ser más fácil de implementar en contextos políticos y sociales complejos y cambiantes (Lindblom, 1991).

Como se pudo apreciar existen diversos enfoques para el estudio de la etapa de implementación, los cuales permiten un análisis más profundo de dicho proceso y sobre todo sirven para entender de una mejor manera por qué los tomadores de decisiones implementan dichas decisiones.

Factores que influyen en el éxito y fallas de la implementación de las políticas públicas

Hablar de los determinantes que hacen efectivo el logro de los objetivos en el proceso de la implementación resulta, en primera instancia, un ejercicio complejo, debido a que pueden ser mencionados un gran número de elementos que podría llevar al camino de la interrelación de todas las etapas del proceso de las políticas públicas; sin embargo, esta etapa se centra en cómo se realiza la decisión y no precisamente en qué se hará. Es por lo anterior que este apartado tiene la intención de enunciar los elementos que influyen en el éxito o fallas de la etapa de implementación.

Uno de los determinantes clave para el logro de los objetivos en la etapa de la implementación de las políticas públicas es la cooperación; Wildavsky y Pressman (1973) hacen la observación que los problemas en la implementación se generan a partir del alto grado de complejidad que presenta la acción colectiva.

Al respecto de la cooperación Aguilar (2017) expone que "la complejidad de la cooperación es el determinante de que no sucedan o sucedan fuera de término y sin impacto las acciones que era previsible y esperable sucedieran, dado que eran congruentes con las condiciones iniciales, por todos aceptadas sin reparo" (Aguilar, 2017: 49).

Adicionalmente, Enrique Cabrero (2000) señala que de manera simultánea la coordinación y la corresponsabilidad juegan un rol importante en el direccionamiento de la implementación de la política pública, ya sea por parte de instancias que prestan los bienes o servicios o por la misma ciudadanía.

Otro elemento clave en el proceso de la implementación es la figura de mediador-*reparador-ajustador* el cual "posee un gran capital de recursos políticos [...] y es capaz de convocar a las partes morosas o conflictivas, sentarlas a negociar, disuadir opositores, derrotar adversarios, sumar consensos, atraer contribuciones, derribar obstáculos" (Aguilar, 2017: 76).

Por otro lado, teóricos como Jaime et al. (2013) han propuesto algunos elementos que pueden influir en el éxito de la implementación de las políticas públicas; a continuación, se presenta resumen de aquellos factores:

Cuadro 3.

Factores que determinan el éxito de la implementación

Factor	Descripción
Razonabilidad de la política	Se refiere a la pertinencia del modelo causal que está implícito en la política: la correspondencia o adecuación entre las causalidades postuladas por la política y aquellas que efectivamente operan en la realidad.
Legitimidad de la política	Consenso o apoyo que ha concitado la política pública en cuestión. Esa necesidad de legitimidad puede hacer recomendable establecer mecanismos para la participación de los destinatarios no sólo en la implementación sino incluso en la fase de diseño de la política.
Calidad del diseño (estatuto) de la política	Las políticas deben contar con objetivos precisos que orienten (no determinen) las acciones de implementación. Ello supone examinar la coherencia de los objetivos, así como las ambigüedades o vacíos que pueden existir en el diseño.
Disponibilidad de los recursos	Toda política supone la movilización de poder, recursos y capacidades que permitan garantizar la implementación. La no disponibilidad de estos elementos puede poner de manifiesto deficiencias del proceso de formulación, al no plantearse con rigurosidad cuáles son las condiciones económicas y organizacionales necesarias para el éxito de la implementación.

Liderazgo del proceso	La ejecución requiere el aporte de conocimientos y capacidades específicas de un número muy amplio y diverso de actores. La existencia de esos liderazgos puede contribuir a promover esa coordinación y/o corregir problemas que puedan emerger durante el proceso de implementación.
Articulación entre el liderazgo del proceso, el nivel de autoridad y los ejecutores de las acciones	Cuando esta articulación no se produce por razones de distancia social, espacial, jerárquica, las probabilidades de distorsiones en la implementación son elevadas. Esa articulación puede lograrse a través de relaciones formales, pero esto sólo será eficaz en contextos de tareas poco complejos, que utilizan tecnologías estandarizadas y que demandan escasa autonomía por parte del operador.
Capacidades estratégicas	La implementación no es un proceso exclusivamente técnico sino además político. Exige, por tanto, disponer de la capacidad para anticipar comportamientos y consecuencias, y diseñar y promover cursos de acción en contextos de incertidumbre, ambigüedad, tensiones y conflictos.
Capacidades organizacionales	Refiere a los atributos de las organizaciones encargadas de la implementación de la política. Entre estas capacidades se destacan: a) La comprensión del mandato de la política, b) El alineamiento y compromiso con las orientaciones estratégicas de la política, c) La disponibilidad de recursos gerenciales, técnicos y operativos para movilizar, d) La motivación de sus integrantes, y e) La existencia de un sistema de incentivos y sanciones.

Fuente: Elaboración propia con base en Jaime et al. (2013: 110-112).

Consideraciones finales

El proceso de implementación ha cobrado suma relevancia debido a que a partir del análisis general de las políticas públicas se ha identificado que esta etapa ha sido uno de los determinantes que inciden en el logro de los objetivos de las mismas.

Del mismo modo, se reconoce que la etapa de implementación profundiza en la manera en cómo se han de ejecutar las acciones dispuestas para el logro de los objetivos; no se trata de dejar a un lado el qué se hará, pero la literatura ha demostrado la importancia de poner el énfasis, en esta etapa, al proponer estudiar las formas de interacción de los involucrados, los límites normativos, los recursos con los que se cuenta y el contexto en el que se desenvuelve la política.

Por otro lado, el énfasis en estudiar de manera aislada la etapa de implementación, vista como un proceso independiente pero interrelacionado, radica en que proporciona una descripción de cómo se está desarrollando la política en juego, pero también en los insumos que de ésta emanan, es decir, para identificar aquellos elementos indispensables o aquellos elementos que necesitan ser descartados, los cuales son decisivos al momento de plantear nuevas políticas.

La implementación debe ser vista como un proceso decisional, que se caracteriza por ser dinámico pero no lineal, porque se puede partir de la elección de implementar una política pública en donde se puede identificar un punto de partida, pero como se ha señalado a lo largo del texto, en el proceso llega a ser compleja debido a que van a intervenir muchos factores entre ellos los factores endógenos aunque los exógenos tienen mayor repercusión.

Por otro lado, el proceso de implementación también se puede ver influenciado por las diversas decisiones que los funcionarios tomen ya que muchas veces dichas decisiones se basan en los incentivos y en las motivaciones, en algunas ocasiones para la maximización de la utilidad en vez del bienestar social. De este modo, esto impide en algunos casos que las políticas respondan al carácter público.

Asimismo, se puede observar que existen distintas condicionantes para la implementación de las políticas públicas entre ellas, se encuentran los diversos valores de los tomadores de decisiones y los diferentes actores que influyen en las mismas.

Por último, una buena ejecución del proceso de implementación tiene que ver, más allá del objetivo principal que es el cumplimiento y buen desarrollo de las políticas públicas cuyo fin es contribuir al bienestar social, con la cooperación, coordinación, corresponsabilidad y compromiso de los involucrados, de ahí la importancia de reiterar lo público como dimensión de estudio en el análisis de las políticas públicas.

Fuentes consultadas

ACOSTA, F. (2010). La evaluación de la política social en México: avances recientes, tareas pendientes y dilemas persistentes. Papeles de población, 16(64), 155-188. Recuperado en 15 de febrero de 2023, de http://www.scielo.org.mx/scielo.php?script=sci_arttext&pid=S1405-74252010000200007&lng=es&tlng=es.

AGUILAR, L. (2017). La implementación de las políticas. Miguel Ángel Porrúa, México.

________ (2000). Problemas públicos y agenda de gobierno, 3a antología, 3a ed. Miguel Ángel Porrúa, México.

________ (2003). La hechura de las políticas, Ed. Miguel Ángel Porrúa, México.

ALLISON, G. (1988). La esencia de la decisión. Análisis explicativo de la crisis de los misiles en Cuba. Buenos Aires, GEL.

ARROW, K. (1970). "The Organization of Economic Activity: Issues Pertinent to the Choice of Market Versus Non-Market Allocation." In Joint Economic Committee, The Analysis and Evaluation of Public Expenditures: The PPB System, Vol. I. Washington, D.C.: U.S. GPO.

BARDACH, E. (1978). The Implementation Game: What Happens After a Bill Becomes a Law, Massachusetts Institute of Technology Press.

BUNKER, D. R. (1972). "Policy Sciences Perspectives on Implementation Processes." Policy Sciences 3 (1): pp. 71–80.

BURDEAU, G., (1993). Tratado de ciencia política, t. II (El Estado), vol. II (Las formas de Estado), México, 1985, p. 181. 1a. reimp. de la 7a. ed., Madrid, pp. 216- 217.

BURGOA, I. (1989). Derecho constitucional mexicano, 7a. ed., México, pp. 421

CABRALES GOITIA, A. Y REY, P. (2021). Más allá de los nudges: Políticas públicas efectivas basadas en la evidencia de las ciencias del comportamiento. Gestión y Análisis de Políticas Públicas, núm. 25, pp. 38-45. Instituto Nacional de Administración Pública (INAP)

CABRERO, E. (2000). Usos y costumbres en la hechura de las políticas públicas en México. Límites de las policy sciences en contextos cultural y políticamente diferentes. Gestión y política pública, 9(2), 180-229.

DE LA HOZ, R. (2016). Institucionalismo nuevo y el estudio de las políticas públicas. En Justicia, 30, 107-121. http://dx.doi.org/10.17081/just.21.30.1353

DOWNS, A. (1977). The Impact of Housing Policies on Family Life in the United States since World War II, Daedalus, Vol. 106, No. 2, The Family, pp. 163-180.

FERNÁNDEZ ARROYO, N. Y SCHEJTMAN, L. (2012). Planificación de políticas, programas y proyectos sociales 1a ed.–Buenos Aires : Fundación CIPPEC, 125 p.

FUENMAYOR, J. (2014). Política Pública en América Latina en un Contexto Neoliberal: Una Revisión Crítica de sus Enfoques, Teorías y Modelos. Cinta de moebio, (50), 39-52. https://dx.doi.org/10.4067/S0717-554X2014000200001

HERNÁNDEZ, G. (2019). EL Análisis de las Políticas Públicas: Una disciplina incipiente en Colombia, Revista de Estudios Sociales [En línea], 4 | 1999, Publicado el 28 febrero 2019, consultado el 23 febrero 2023. URL: http://journals.openedition.org/revestudsoc/30489

HUNTINGTON, S. P. (1968). Political Order in Changing Societies (New Haven: Yale University Press).

JAIME, F., DUFOUR, G. A., ALESSANDRO, M., & AMAYA, P. (2013). Introducción al análisis de políticas públicas. Universidad Nacional Arturo Jauretche.

KELSEN, H. (1979). Compendio de Teoría General del Estado, Editorial Blume, España.

LASSO-MOLINA, J. (2021). Modelos burocráticos en: Boletín de Coyuntura, UTA-Ecuador; pp. 15–24.

LIPSKY, M. (1980). Street Level Bureaucrats. Russell Sage Fundation. Nueva York.

LINDBLOM, CHARLES E. (1991), "El análisis para la formulación de políticas", en El proceso de elaboración de políticas públicas, Ministerio para las Administraciones Públicas de Madrid, MAP. Versión en español. Disponible en:https://comunicandoparaeldesarrollo.files.wordpress.com/2015/04/2-el-proceso-de-politicas-publicas-elaboracic3b3n.pdf

MAJONE, G. (2005). Evidencia, argumentación y persuasión en la formulación de políticas. México: Colegio Nacional de Ciencias Políticas y Administración Pública y Fondo de Cultura Económica.

MARTINÓN, R. (2007). La incorporación de las ideas al análisis de políticas públicas en el marco de las coaliciones promotoras. Gestión y Política Pública. XVI(2), 281-318 [fecha de Consulta 23 de febrero de 2023]. ISSN: 1405-1079. Disponible en: https://www.redalyc.org/articulo.oa?id=13316202

MÉNDEZ, J. (2020). Políticas públicas. Enfoque estratégico para América Latina. Fondo de Cultura Económica. México. El Colegio de México.

MORENO, P. (1999). La implementación: talón de Aquiles en la elaboración de las políticas sociales. En Pineda Guadarrama, Juan de Dios (coord.) Enfoques de las políticas públicas y gobernabilidad. (1 ed.). México: Colegio Nacional de Ciencias Políticas y Administración Pública, ITAM y Universidad Anáhuac.

MORENO, P. (1993). Exposición crítica de los enfoques estadounidenses para el análisis de las políticas públicas. Revista de Administración Pública, vol. 84, pp. 9-23. México.

NAGEL, T. (1997). The Last Word. New York: Oxford University Press..

NORTH, D. (1993). Instituciones, Cambio Institucional y Desempeño Económico, México: Fondo de Cultura Económica, Cap. 1, pp. 13 – 22.

ORTEGÓN, E. (2008). Guía sobre diseño y gestión de la política pública. Bogotá: Organización del Convenio Andrés Bello, No. 168, Colciencias, Instituto de Estudios Latinoamericanos.

PARDO, MARÍA DEL CARMEN, DUSSAUGE MAURICIO, CEJUDO GUILLERMO. (2018). Implementación de políticas: Una antología. México: CIDE. Disponible en: https://books.google.com.mx/books?id=n5RUDwAAQBAJ&pg=PT132&lpg=PT132&dq=Bunker,+D.+R.+(1972)+%22Policy+sciences+perspectives+on+implementation+processes.%22+Policy+Sciences+3:+71-80.&source=bl&ots=dTGu8m9UZI&sig=ACfU3U1onwcS0BMjaVQKVW6RLHI9hESSgg&hl=es-419&sa=X&ved=2ahUKEwi_5bfMpt77AhWZLEQIHcs2DyEQ6AF6BAgVEAM#v=onepage&q&f=false

PARSON, W. (2007). Políticas públicas: Una introducción a la teoría y la práctica del análisis de las políticas públicas. FLACSO. México.

PRESSMAN, J. Y WILDAVSKY, A. (1973). Implementation. Berkeley: University of California Press.

REVUELTA, V. B. (2007). La implementación de políticas públicas, Universidad de la Sabana, Colombia, núm. 16, pp. 135-156.

ROBICHAU, R. LYNN, L. (2009). The Implementation of Public Policy: Still the Missing Link. Policy Studies Journal. 37. 21–36. 10.1111/j.1541-0072.2008.00293.x.

RODRÍGUEZ E, F. J. (2021). Políticas públicas y su focalización a programas públicos del sector social. 1ª edición, Consejo Mexican de Ciencias Sociales, Miguel Ángel Porrúa, México.

RODRIGUEZ E, F. J. Y FONSECA, M. (2018). El desarrollo de la disciplina de políticas públicas en México desde la perspectiva de los autores Vol. II. Fontamara. México.

ROTH D, A. N. (2007). Enfoques y teorías para el análisis de las políticas públicas, cambios de acción pública y transformaciones del Estado, p. 29-63.

ROTH D, A. N. (2002). Políticas públicas: formulación, implementación y evaluación, Ediciones Aurora, Bogotá, Colombia.

SABATIER, P. (1988). "An Advocacy Coalition Framework of Policy Change and the Role of Policy-Oriented Learning", en Policy Sciences, 21, pp. 129-168.

SCHLAGER, E. (1995). "Policy Making and Collective Action: Defining Coalitions within the Advocacy Coalition Framework", en Policy Sciences, 28, pp. 242-270.

SUBIRATS, J., KNOEPFEL, P., LARRUE, C. Y VARONE, F. (2008). Análisis y gestión de las políticas públicas, Barcelona, España: Ariel.

UVALLE BERRONES, R. (1996). "Las tecnologías del buen gobierno", en los nuevos derroteros de la vida estatal, Instituto de Administración Pública del Estado de México, México.

VAN METER, DONALD AND CARL E. VAN HORN. (1975). The Policy Implementation Process. A conceptual Framework, Administration and Society, vol. 6. núm. 4.

Cuarta etapa del proceso de Políticas Públicas:

La evaluación de las políticas

ALMA PATRICIA ALUCI ALVARADO[1]
FRANCISCO JOSÉ RODRÍGUEZ ESCOBEDO[2]
GRETA CORTÉS ORTEGA[3]
LUIS FERNANDO GONZÁLEZ ORTEGA[4]

Introducción

El presente capítulo se refiere a la evaluación de políticas públicas, entendidas éstas como:

> Un conjunto conformado por uno o varios objetivos colectivos considerados necesarios o deseables y por medios y acciones que son tratados, por lo menos parcialmente, por una institución u organización gubernamental con la finalidad de orientar el comportamiento de actores individuales o colectivos para modificar una situación percibida como insatisfactoria o problemática (Roth, 2002:27).

Ahora bien, la evaluación de las políticas públicas se realiza a la luz de las ciencias sociales, donde la objetividad de los datos, métodos de análisis y la argumentación racional es preponderante, aun cuando su desarrollo se da en la arena de la política. Por tanto, Salcedo (2011) considera que la evaluación se puede considerar una disciplina científica que busca la objetividad a través de métodos estandarizados, y de la imparcialidad y competencia

---

1 Estudiante del doctorado en Ciencias de Gobierno y Política en el Instituto de Ciencias de Gobierno y Desarrollo Estratégico de la BUAP.

2 Doctor en Ciencias Socioeconómicas. Director del Instituto de Ciencias de Gobierno y Desarrollo Estratégico de la BUAP. Miembro del SNI, Nivel I.

3 Estudiante del doctorado en Ciencias de Gobierno y Política en el Instituto de Ciencias de Gobierno y Desarrollo Estratégico de la BUAP.

4 Estudiante del doctorado en Ciencias de Gobierno y Política en el Instituto de Ciencias de Gobierno y Desarrollo Estratégico de la BUAP.

técnica del evaluador, debido a que la valoración se desarrolla en un contexto político.

Por lo tanto, se debe tener en cuenta que "lo que se evalúa es producto de decisiones políticas; que los resultados de la evaluación entran necesariamente en la arena política" (Salcedo, 2011:18) lo que implica necesariamente juicios de valor, ya que los resultados de una evaluación pueden ser considerados por los tomadores de decisión en forma negativa para descalificar o de manera positiva para elogiar al aparato gubernamental. Esta acción evaluativa muestra una postura política que explica cómo se entendió el problema público, las acciones para darle solución y los resultados de la acción de gobierno, para dar o restar legitimidad según sea el caso.

Aunado a ese carácter político de los programas, y por lo tanto de la evaluación, su campo de estudio, como disciplina social, de acuerdo a Alkin (2004) se puede estudiar desde tres aspectos tanto teóricos como metodológicos: "Los trabajos sobre el uso de la evaluación, cuya orientación inicial se enfocó hacia la toma de decisiones y más tarde en la forma como se usa la información que produce la evaluación. La evaluación guiada por métodos de investigación tanto cualitativos como cuantitativos. La teoría de la evaluación como valoración, que se fundamenta en el rol del evaluador, cuya actividad profesional está centrada en la emisión de juicios de valor" (Cabra Torres, 2014:179). Estas áreas que propone Alkin se establecieron como un intento de dar mayor estructura al estudio de la evaluación, y no por ello se presuponen opuestas, por el contrario, en algunos casos, pueden ser complementarias.

Por otro lado, para Salazar (2009) la evaluación puede comprenderse desde dos perspectivas teóricas: "... la teoría del cambio y la medición de los efectos de la acción pública. La teoría del cambio, también llamada teoría de la política pública, indaga la creencia subyacente de que determinadas acciones gubernamentales producirán determinados resultados, a la medición de los efectos de la acción pública se le llama *strictus sensus* evaluación, evaluar una política pública es medir los resultados netos imputables a la intervención gubernamental en un área específica" (Salazar, 2009:29).

Estos roles de la evaluación son observables a través de sus resultados o hallazgos, puesto que, a partir de ellos los tomadores de decisiones pueden llevar a cabo modificaciones a los programas para su mejora o cancelación, lo anterior con base en los impactos netos de la intervención gubernamental. Por otro lado, los resultados son incluidos en el cúmulo de conocimiento de la ciencias sociales y disponibles como un repositorio de consulta de información para diseñadores, implementadores y evaluadores de políticas públicas. Con base en lo anterior, es que este ensayo se desarrolla, en principio, mostrando definiciones del concepto de evaluación, en seguida, las fases y los métodos que predominan en su ejercicio.

Posteriormente, se señala de manera puntual la legitimidad y legalidad del procedimiento evaluativo, así como el debate inconcluso del estudio de la evaluación, para continuar con un pequeño esbozo de una de sus clasificaciones teóricas. Después se presenta una revisión teórica con el objetivo de responder a la interrogante de para qué se evalúa, y la importancia de su utilización en el campo del quehacer gubernamental y de la academia. A manera de conclusión se rescatan los elementos más importantes de la evaluación como estudio y ejercicio de análisis de políticas públicas.

Definición de evaluación

Una vez planteadas las consideraciones anteriores sobre la evaluación, se abordará su definición. En la presente sección se expone la conceptualización de la evaluación desde la óptica de algunos de los teóricos más relevantes en el ámbito de las políticas públicas.

Podemos encontrar tantas definiciones de evaluación como autores han escrito sobre ésta. Uno de los planteamientos más sencillos sobre evaluación, pero que da cuenta de los factores más preponderantes es el de Salazar (2013:53) quien dice que la evaluación consiste en "contrastar en qué medida la acción del Estado ha producido determinado tipo de efectos o de impactos y si la política pública fue exitosa o no y por qué". En efecto, entre otros temas, el quehacer evaluativo es una actividad comparativa entre los objetivos y los resultados de la política pública, intentado encontrar su causalidad.

Una conceptualización más específica la encontramos en Subirats (2008), quien señala que la evaluación: "... trata de identificar si los grupos-objetivo seleccionados modificaron efectivamente su conducta (¿qué impactos?), y si gracias a ello la situación de los beneficiarios finales, que en un principio se consideró problemática, mejoró realmente (¿qué resultados tuvo?). En suma, la evaluación de una política pública pretende examinar empíricamente la validez del modelo causal en el que ésta se fundamentó en su proceso de elaboración. En consecuencia, lo que buscamos es saber si la «teoría de la acción» en la que se basaba la política tenía fundamento, y el grado de aplicación real finalmente alcanzado" (Subirats, 2008:207). En esta definición se observa un elemento importante de la evaluación, la comparación debe ser empírica y válida con base en la causalidad teórica del diseño de la política pública.

En ese mismo sentido de especificidad encontramos la definición de Pallavicini (2014) para quien la evaluación "se realiza en momentos concretos con el fin de obtener una apreciación sistemática y objetiva de un proyecto, programa o política en curso o concluido, de su diseño, su puesta en práctica y sus resultados. El objetivo es determinar la pertinencia y el logro de los objetivos, así como la eficiencia, la eficacia, el impacto y la sostenibilidad para el desarrollo. Una evaluación deberá proporcionar información creíble y útil, que permita incorporar las enseñanzas aprendidas en el proceso de toma de decisiones" (Pallavicini, 2014:55). Dicha autora incorpora un aspecto importante al señalar que, la evaluación debe realizarse en momentos específicos de la política pública con el propósito de observar sistemática y objetivamente su diseño, implementación y efectos, midiendo sus objetivos a través de indicadores como el de eficiencia, eficacia, impacto y sostenibilidad del desarrollo, a fin de que el proceso de valoración sea válido y útil.

Una construcción más robusta del concepto de evaluación la encontramos en Salazar (2009) quien retoma el concepto del Ministerio de Administración Pública de España (MAP) señalando que la evaluación "

> Es el proceso sistémico de observación, medida, análisis e interpretación encaminado al conocimiento de una intervención pública, sea ésta una norma, programa, plan o política pública, para alcanzar un juicio valorativo basado en evidencias, respecto de su diseño, puesta en práctica, efectos, resultados e impactos. La finalidad de la evaluación es ser útil a los decisores, a los gestores públicos y a la ciudadanía en general (Salazar, 2009:24).

Podríamos seguir citando las diferentes definiciones de evaluación que cada autor propone, pero una que nos parece de las más completas es la siguiente:

> Es posible considerar a la evaluación como una investigación aplicada, de tendencia interdisciplinaria, realizada mediante la aplicación de un método sistemático, cuyo objetivo es conocer, explicar y valorar una realidad, así como aportar elementos al proceso de toma de decisiones, que permitan mejorar los efectos de la actividad evaluada. Se resalta la importancia atribuida a la emisión de un juicio valorativo sobre dicha actividad, lo que también es compartido por Scriven (1967) y Aguilar y Ander-Egg (1992) (en Cardozo, 2006:44).

De esta definición se destacan los elementos asociados a la afirmación de que, por un lado, la evaluación más que una actividad o fase de las políticas públicas es un proceso de investigación, que tiene como fin emitir una valoración objetiva. Por tanto, la evaluación debe estar sujeta a una metodología sistemática y rigurosa, ya que esto permitirá dar respuesta a preguntas como ¿en qué grado se alcanzaron los objetivos de tal política con las acciones llevadas a cabo?, ¿qué impacto tuvo la acción de gobierno en la solución de dicha problemática pública?, ¿cómo fue que dichas acciones incidieron en la solución de ese problema? Esto con el fin de ofrecer información relevante que aporte argumentos lógicos y racionales a los tomadores de decisiones en el ámbito gubernamental.

En el siguiente apartado se abordan las etapas de una evaluación y la metodología que ha caracterizado dicho ejercicio del ciclo de las políticas públicas.

Fases de la evaluación

De la misma forma en que podemos encontrar diversas fases o etapas en las que se pueden dividen a las políticas públicas dependiendo del enfoque y del autor, asimismo existe una variación en cuanto a las actividades que deben llevarse a cabo en el procedimiento de una evaluación, según su tipo.

Cardozo (2006:44) nos propone las siguientes fases:

1. Identificar los costos, así como los efectos provocados por la acción, programa, política o evaluación a valorar;
2. Aplicar una escala de medición a los efectos identificados (nominal, ordinal, de intervalo o razón);
3. Comparar la medida lograda con otra que sirva de parámetro para la evaluación, fundamentalmente, en el caso de los programas sociales, para constatar si hubo mejoramiento de las condiciones de bienestar de la población;
4. Explicar los resultados comparativos encontrados, en función del diseño y las condiciones de aplicación del programa;
5. Emitir un juicio de valor que califique, en conjunto, las actividades realizadas, los servicios brindados, sus efectos y su impacto global; y
6. Efectuar las recomendaciones necesarias para enfrentar los problemas detectados y aprovechar las fortalezas del programa, a manera de contribuir a un mayor logro de sus objetivos.

Como se ha observado hasta el momento, la evaluación resulta compleja ya que intervienen en ella un sinnúmero de actores e instituciones, dependiendo del alcance del programa social o la política pública. Por lo tanto, es relevante que todo esfuerzo que se lleve a cabo por cada institución competente para realizar la evaluación se integre, considerando que se realicen actividades de revisión y control, mediante una lógica uniforme y coherente, para que de esta forma no exista duplicidad en la recolección de datos o en las diversas labores del procedimiento evaluativo.

Una vez consideradas las fases básicas del procedimiento de evaluación resulta pertinente presentar un bosquejo de las metodologías predominantes en la materia.

Metodología para el procedimiento evaluativo

Otro de los aspectos que llama la atención al momento de realizar algún tipo de evaluación de políticas públicas es el método por el que opta para llevarse a cabo, al igual que las tipologías y definiciones, éstos son variados, pero deben cumplir con ciertas características como: ser sistemáticos, sostenidos y emanados de una perspectiva teórica. La evaluación de políticas públicas puede considerarse en sí, como la comprobación de una hipótesis, puesto que, si la acción llevada a cabo por el aparato gubernamental emanada de una política pública tuvo el efecto esperado en la población objetivo o no. Además, se debe considerar si dicho efecto proviene únicamente de estas acciones y no de otras variables que pueden estar interviniendo para que dicho efecto suceda.

Las diversas técnicas y métodos que a continuación se mencionan, se basan en la clasificación de Cardozo (2006) ya que su uso abarca a los programas sociales y las políticas públicas. Se debe considerar que tanto la metodología como la técnica están estrechamente relacionadas con el tipo de evaluación que se quiere realizar, el propósito, la perspectiva de quien la encarga, así como las características del propio programa.

Dentro de las metodologías que dominan en los estudios de evaluación se encuentra el enfoque cuantitativo, cuya base epistemológica se ubica en el positivismo, así como la cualitativa que surge del constructivismo y la teoría crítica. Esto implica por un lado que la primera se rige por leyes, desde una lógica deductiva que prepondera la objetividad y normalmente considera un nivel macro en el que se plantea una hipótesis, que está sujeta a ser comprobada por métodos estadísticos, para finalmente hacer generalizaciones. En el caso del enfoque cualitativo, la subjetividad es un requisito, ya que se basa en el entendimiento desde las experiencias de los investigadores, por tanto, su lógica es inductiva, se da en niveles micro y se preocupa por entender los procesos teniendo en cuenta el contexto, todo ello para decir por qué sucede.

Una vez realizada esta consideración, se enfatiza en el método cuantitativo, enfoque que predomina en la evaluación de políticas públicas. Los métodos cuantitativos utilizados en la evaluación son: a) métodos experimentales de grupos equivales; b) métodos cuasiexperimentales; c) métodos no experimentales del tipo antes-después sin grupo-control, después solamente con grupo-control o después solamente sin grupo-control. En este punto podemos hacer una subdivisión en los métodos cuantitativos a priori: a) análisis costo-eficacia; b) análisis costo-beneficio; f) análisis multicriterios. Aguilar Astorga (2017), por ejemplo, menciona algunos otros métodos cuantitativos como: a) árboles de decisión; b) análisis financiero; c) teoría de juegos; d) ecuaciones en diferencias; e) teoría de colas; f) modelos de simulación; g) cadenas de Markov; y, h) programación (lineal y no lineal).

Todos estos métodos tienen sus aspectos tanto positivos como negativos. Por ejemplo, en el caso de los experimentales, cuasiexperimentales y no experimentales la manipulación de condiciones para llevarlos a cabo es difícil de conseguir; además de las desventajas del costo y la complejidad de integrar grupos de control en el caso de los primeros, sin embargo, las ventajas son que a través de éstos se pueden establecer relaciones causales sobre la intervención gubernamental y el efecto de manera más directa. En el caso de los análisis de costo-eficacia y costo-beneficio, la problemática se centra en la dificultad de cuantificar la eficacia del primero, en el segundo la dificultad para cuantificar un efecto sin valor de mercado, falta de criterios claros para tasas y factores de ponderación, si se sabe subsanar estas problemáticas son muy útiles para la toma de decisiones de un programa sobre otro.

Finalmente nos dice Cardozo que "los criterios utilizados en las mediciones cuantitativas giran fundamentalmente alrededor de la eficacia (logro del objetivo), la eficiencia (logro de resultados al menor costo posible), la efectividad (impacto, incluyendo externalidades positivas y negativas) y equidad (distribución de los objetivos logrados en relación directa con las necesidades existentes)" (Cardozo, 2006:68).

Todos estos tipos de análisis como se mencionó en párrafos anteriores se lleva a cabo mediante técnicas estadísticas tales como: "análisis de datos (tipologías), análisis de series temporales, análisis multivariado (varianza y covarianza) y estimación econométrica sobre datos longitudinales agregados" (Cardozo, 2006:67). Ahora bien, a pesar de que los métodos cuantitativos ofrecen información valiosa sobre impactos, causalidades o mediciones bastante exactas sobre resultados, nos dice Cardozo (2006:69) "no constituyen una forma óptima de identificar la efectividad de las políticas públicas y tomar decisiones sobre su finalización o continuación, con o sin modificaciones."

Ahora bien, la metodología cualitativa que, en contraparte, se enfoca a las percepciones, las interpretaciones y las subjetividades tanto del evaluador como de los sujetos a evaluar, Carozo señala que "Entre los métodos cualitativos, los más recurridos son: la elaboración de estudios descriptivos de caso, biografías, historias de vida, la observación tradicional y participante, la investigación-acción, las dinámicas de grupo, los grupos de discusión, los paneles de opinión, los debates dirigidos, el análisis de textos, las entrevistas, etcétera (Cardozo, 2006:72). Dentro de estos métodos los que sobresalen en el procedimiento de la evaluación son: a) la entrevista que puede ser semiestructurada, enfocada o grupal; b) el análisis de texto o discursos; y c) los estudios de caso que pueden ser tanto cualitativos como cuantitativos, en ocasiones suelen ser complementarios a los experimentos o métodos de comparación.

Con el afán de realizar evaluaciones completas y equilibradas han surgido opciones que contemplan metodologías mixtas como: las encuestas de opinión que recogen las percepciones y opiniones de los encuestados, pero tienen un tratamiento estadístico para los resultados. Un caso más es el del modelo Delphi que obtiene información y opiniones de expertos cuya media y desviación estándar se analizan; o bien, el *benchmarking* que compara procesos dentro de las instituciones gubernamentales con el mejor de su ramo, haciendo uso también de indicadores cualitativos en el que caso de variables que no pueden ser cuantificadas.

Con este bagaje de métodos a utilizar, las evaluaciones tienen la posibilidad de ser un instrumento completo y válido que otorgue información valiosa a los servidores públicos que toman las decisiones en cuanto a las políticas y programas públicos, tanto a priori como a posteriori. Al respecto Cardozo afirma que "en particular, los métodos cuantitativos proveen los instrumentos que hacen posible contar con un panorama global y representativo de los logros y limitaciones de los programas que se evalúan; mismos que resultan necesarios, pero no suficientes para la realización de una evaluación integral que pretenda explicar los resultados alcanzados. Por su parte los métodos cualitativos se consideran un necesario complemento de los cuantitativos para profundizar en el estudio de situaciones concretas y comprender aspectos subjetivos en mayor profundidad. Una combinación de ambos tipos de métodos también es recomendada por el Banco Mundial (2004a) para la realización de evaluaciones (Cardozo, 2006:77).

Por tanto, podemos concluir que para el tema de la evaluación de políticas públicas ningún método está por encima del otro, sino que, como sucede en cualquiera de las ciencias sociales, son metodologías complementarias, que proporcionan información diferente, y que con el objetivo de realizar una evaluación completa, siempre será relevante considerar ambos enfoques, tanto el cuantitativo como el cualitativo.

Hasta aquí se observa que la evaluación en sí misma, como tópico de estudio, cuenta con un cúmulo de conocimiento teórico bastante amplio. Además, es una de las etapas de las políticas públicas, como el resto de ellas, requiere de un rigor teórico y metodológico que permita cumplir los objetivos de su quehacer en el ejercicio gubernamental. Sin embargo, podríamos cuestionar el por qué su importancia, en dónde radica su legitimidad y legalidad, cómo puede clasificarse y para qué requerimos evaluar. Estos cuestionamientos se intentan responder en las siguientes secciones.

Legitimidad de la evaluación

Siguiendo a Roth (2002), el parteaguas en la evaluación de políticas públicas fue la introducción de la nueva técnica de gestión en el sector público conocida como la Nueva Gerencia Pública (New *Public Management* por sus siglas en inglés) y que incorpora las técnicas de gestión utilizadas en las empresas privadas. Roth considera que la introducción de esta nueva técnica significó un cambio de enfoque porque produce dos formas de legitimidad: una legitimidad tradicional que sigue el principio de legalidad y que se basa en el respeto a la ley y los reglamentos; y una legitimidad que se fundamenta en los objetivos y los resultados de la acción y que basa la acción pública en el logro de resultados.

Sin embargo, se considera que, a pesar de las importantes afirmaciones de Roth, basadas en el modelo de gestión, es importante no olvidar que ambos enfoques de legitimidad son complementarios y no excluyentes. Toda vez que, como se mencionó en líneas anteriores, el enfoque tradicional está basado en el principio de legalidad, lo que implica que el sector público, al tener el carácter de autoridad, deberá respetar los preceptos jurídicos para evitar el abuso del ejercicio del poder que ello implica. Sin embargo, esto no debe considerarse como una especie de camisa de fuerza que limita el actuar público, por el contrario, debe desarrollarse dentro de la arena de la legitimidad legal.

Por lo que, una vez considerado lo anterior, de lo que se trata, señala Roth, es de "reemplazar la primacía de los medios por la primacía de los objetivos, con el fin de lograr una mayor eficiencia y eficacia de la acción pública". Afirma que este nuevo enfoque abre el campo de la práctica de la evaluación, y sobre todo, a las prácticas evaluativas.

En palabras del expresidente francés François Mitterrand la evaluación representa un progreso para la democracia y posibilita una mayor eficiencia del Estado, esta afirmación lleva a Roth a reflexionar que "la práctica de la evaluación debería ser considerada por el poder político como un aporte en el proceso decisorio y no como un contrapoder que busca entorpecer su decisión. La evaluación debe alimentar el debate democrático para favorecer así las prácticas pluralistas y fomente la deliberación más que la sumisión al poder político" (Quermonne, 1991).

Existen diversas definiciones de la evaluación, pero, sobre todo, diferentes finalidades, desde el control como modelo de gestión, hasta aquella que sirve de herramienta al ideal democrático. Así, el enfoque de resistencia a la evaluación por parte del poder político se deriva de la posibilidad de ser empleado como un instrumento de represión por la práctica de la evaluación de manera vertical, cuantitativa, administrativa y directiva tendiente a la aplicación de sanciones (Roth, 2002).

Es en este sentido, Merino (2009) afirma que, ante el desacuerdo académico y profesional respecto al significado y alcances de la evaluación, la labor de la evaluación de las políticas públicas se vuelve una labor muy difícil, incluso refiere que el propio Luis F. Aguilar en sus clásicas antologías sobre política pública, trata sobre el estudio, la hechura, la agenda y la implementación de las políticas públicas, pero no aborda el tema de la evaluación. Merino (2009) continúa y afirma que, incluso en la práctica profesional no se está seguro de lo que realmente se requiere cuando se solicita una evaluación de políticas. Por lo tanto, en las siguientes líneas se analiza una tipología sobre la evaluación propuesta por Roth (2002) a partir del análisis de las propuestas de diversos autores como Chevallier (1991), Monnier (1992), Duran (1999), entre otros.

Si bien es cierto que no existe un acuerdo académico respecto a la evaluación como objeto de estudio, lo cierto es que, en las democracias modernas su uso para valorar la eficiencia, eficacia y efectividad de las políticas públicas es de suma importancia, puesto que no sólo implica la toma de decisiones, sino además, la orientación de todo tipo de recursos, y sobre todo, el posible impacto (positivo o negativo) a la acción gubernamental, o en su caso, de la no acción. Con el objetivo de realizar un bosquejo de ese debate no terminado del estudio de la evaluación, a continuación, se presenta una forma de clasificar los tipos de evaluación, con el único propósito de dar luces al respecto, sin que sea un trabajo de compilación del tema.

Clasificación de las evaluaciones

Como señala Merino (2009) existe un debate académico y profesional sobre la evaluación, tanto en su definición como sus alcances, y además en su clasificación. Así que, debido a esa variedad de clasificaciones de la evaluación, el presente trabajo retoma la propuesta por Roth.

Roth (2002) propone que, para poder clasificar la evaluación de las políticas públicas se puede partir de tres preguntas principales: 1. ¿Cuándo se evalúa? Es decir, en qué momento del ciclo de políticas públicas se realiza la evaluación 2. ¿Para qué y qué se evalúa? Para determinar la finalidad de la evaluación y determinar su objeto; y 3. ¿Quién evalúa? La posición de los evaluadores.

Momento de la evaluación

En esta clasificación existen tres tipos: evaluación *ex ante*, concomitante, y *ex post.*

1. La evaluación *ex ante* se realiza antes del diseño de la política pública con el objeto de realizar un diagnóstico de la situación o problema que se pretende abordar, para analizar la factibilidad de la política que se pretende implementar, es decir, si es materialmente posible realizarse con los medios de que se dispone y, para determinar los efectos que provocaría su implementación. Este tipo de evaluación, también conocida como a priori, se usa particularmente en cuatro

sectores de actividades: los estudios de impacto legislativo, los proyectos de desarrollo, los proyectos de infraestructura y, los proyectos medioambientales y generalmente se realizan en función de tres criterios: su eficacia, su impacto previsible y su impacto en otras políticas públicas.

2. La evaluación concomitante es la que acompaña la puesta en marcha del proyecto o programa y tiene como objetivos controlar el desarrollo de los procedimientos previstos y la detección de problemas para la realización de los ajustes necesarios a tiempo. A este tipo de evaluación también se le conoce como de seguimiento o monitoreo, y se puede realizar de forma periódica, es decir, cada determinado tiempo o de forma continua.

3. La evaluación *ex post* se encarga de analizar los efectos de una política pública después de efectuada su implementación. Esta evaluación hace uso de herramientas metodológicas cuantitativas y cualitativas por lo que requiere de cierto rigor y su finalidad, generalmente, es la de retroalimentación para la toma de decisiones futuras (Roth, 2002. P.150). Así mismo, este tipo de evaluación, en un contexto vertical, tiene la finalidad de obtener consecuencias sancionadoras. Por consiguiente, este tipo de evaluación es el más delicado de tratar porque puede pasar de ser una herramienta de medición para la mejora y reinicio del ciclo de políticas públicas a un instrumento sancionador, muchas veces con fines más políticos que técnicos.

Finalidad y objeto de la evaluación

Este punto se refiere a la necesidad imperiosa de identificar cuál es la intención de la evaluación y cuál será la materia que evaluará, de ello dependerá el rigor del proceso evaluativo. Con base en ello, la evaluación de políticas públicas puede tener las siguientes características:

1. Según el objeto, las evaluaciones pueden ser endoformativas si quienes evalúan son los propios actores con la finalidad de modificar sus acciones en la búsqueda de mejorar sus acciones y mejorar los programas; y recapitulativas cuando la finalidad es informar al público en general o a actores externos del programa para que se formen una opinión sobre el valor intrínseco de éste.

2. Los modos de evaluación sobre qué es lo que se evalúa, de acuerdo con Majone (1999:219), son tres: 1) los insumos utilizados; 2) los procesos; y 3) los resultados obtenidos. Además, Majone afirma que cada uno de los modos de evaluar tiene sus ventajas y desventajas, no obstante, la elección de la forma dependerá de los siguientes elementos: 1) el grado de mensurabilidad de los resultados; y, 2) el grado de conocimiento del proceso. Finalmente, este autor señala que, la evaluación por resultados es la preferida pero que en el sector público las condiciones para realizarla raramente son reunidas. Es necesario que los objetivos de la política estén fijados con precisión y que se puedan medir sin ambigüedades, así como disponer de un instrumento de medición confiable. Es decir, tener clara la mensurabilidad.

Niveles de evaluación

En esta clasificación Nioche (1982) propone cinco niveles de evaluación:

1. La evaluación a nivel de medios consiste en verificar si los medios necesarios para la implementación de una decisión han sido efectivamente puestos a disposición en el espacio y en el tiempo indicados y si se han utilizado. Este tipo de evaluaciones no valoran las consecuencias ni el proceso, pero no por ello son menos importantes.

2. La evaluación a nivel de resultados estriba en conocer si se lograron los objetivos fijados, mide los efectos inmediatos alcanzados a través de indicadores cuantitativos que miden la productivi-

dad, ésta es la base de los informes de actividades y frecuentemente complementa el siguiente nivel de evaluación.

3. La evaluación a nivel de impactos considera datos más del tipo cualitativos para determinar los efectos previstos y los no previstos por la implementación de la política. Este nivel de evaluación tiene las desventajas de que no toman en cuenta las dificultades al momento de la implementación y el sesgo que puede generar conocer de antemano los criterios de evaluación porque el implementador puede tender a buscar satisfacer la evaluación, más que la búsqueda del objetivo de la política.
4. La evaluación a nivel de eficiencia busca relacionar los efectos realmente obtenidos con los medios utilizados. Para este tipo de evaluación se utilizan modelos costo-eficacia, o costo-beneficio y se usa en un contexto *ex post.*
5. La evaluación a nivel de satisfacción busca medir los efectos de una política pública en tanto corresponda (o no) con los objetivos iniciales de acuerdo con la satisfacción de los usuarios. Este nivel es poco utilizado porque presenta la dificultad de definir el nivel de satisfacción de la población.

Los evaluadores

En esta última clasificación, cuyo criterio es quién evalúa, encontramos evaluadores externos, internos y mixtos. Esta clasificación es muy importante porque de ella depende, el tipo de resultado, según el objetivo de la evaluación. Es decir, si se tratase de una evaluación vertical sancionadora, es muy importante que los evaluadores sean externos para evitar sesgos que pudieran producir evaluaciones a modo. En cambio, si se tratase de una evaluación concomitante cuyo objeto es la mejora del proceso durante la implementación, los evaluadores deben ser internos porque conocen los objetivos, los recursos con que se cuenta, el proceso y los resultados esperados.

Ante el cuestionamiento de ¿quién evalúa? Roth (2002) sugiere que la evaluación mixta es ideal porque incluye los beneficios de ambos tipos, es decir, la objetividad de los evaluadores externos y el conocimiento de los procesos internos de los evaluadores internos. A partir de esto, Roth (2002) propone que una evaluación pluralista debe tener la característica de contribuir a un entendimiento compartido de las diversas perspectivas críticas, y no solamente, yuxtaponer criterios parciales en uno general.

Como se puede apreciar de esta clasificación de la evaluación de las políticas públicas propuesta por Roth, la multiplicidad de criterios depende de los cuestionamientos básicos que se plantean en un inicio: ¿cuándo? ¿para qué? ¿qué? y ¿quién? Este planteamiento puede servir de guía al momento de diseñar instrumentos de evaluación y lograr el objetivo de la definición propuesta por la Real Academia de la Lengua Española "estimar, apreciar, calcular el valor de una cosa" para que, siguiendo a Merino (2009), sin importar la caja de herramientas que se emplee (modelos econométricos, levantamiento de información cualitativa, series de tiempo, estudios costo-beneficio, etc.), el objetivo principal de la evaluación será estimar, apreciar y calcular el valor de una cosa.

Merino (2009) refuerza la idea de que la evaluación no debe ser considerada como una herramienta de castigo, sino más bien, una herramienta de mejora. Porque la evaluación supone más que sólo juzgar los resultados o el cumplimiento de los procesos o el uso efectivo de los recursos de que se dispone, sino que, desde el enfoque de políticas públicas, que gobernar significa seleccionar decisiones con certeza, las cuales deben estar basadas en procesos de evaluación desde una perspectiva científica-metodológica, porque a diferencia de otras materias, en el tema de política se encuentra la influencia de las decisiones políticas por poder o por beneficio de los grupos de interés (*stakeholders*).

Finalmente, Merino señala que evaluar no es una cuestión mecánica, sino ética porque implica encontrar el valor de lo que se está seleccionando como órgano público. Así, una determinada acción pública no tiene ninguna conexión de sentido con los problemas públicos, o se realiza por inercia o por mandato legal, pero sin un propósito público. La evaluación puede convertirse en la piedra angular de la transparencia y la rendición de cuentas cuando el ciclo de las políticas públicas sea precisamente público (Merino, 2009).

Para concluir esta sección, es preciso mencionar que los instrumentos de evaluación de acuerdo con la tipología construida por Roth deben servir para perseguir el objetivo de la Nueva Gestión Pública, en la que, agotado el modelo del Estado benefactor, se busque el involucramiento de la sociedad mediante la guía, el liderazgo y la regulación del sector público. Moore (1998) propone modelos de gestión estratégica en los que desarrolla propuestas como la "imaginación gerencial" en la que se busque la solución de problemas usando la creatividad tanto de los sectores público como privado, sin la limitante de los recursos públicos o las facultades legales de los funcionarios públicos, y sin violar el principio de legalidad, encontrar estrategias de gestión que resuelvan los problemas públicos.

Por último, Anderson (2000:277) afirma que "los problemas de la evaluación en políticas es la dificultad para medir cuantitativamente el efecto de las políticas públicas con alguna precisión real, porque no siempre se dispone de la información suficiente y certera para realizar juicios. Por lo que, no hay razón para asumir que *if it cannot be counted, it does not count* (si no se puede contar, no cuenta). Esta dificultad se reduce incluyendo en los criterios de evaluación un nivel de incertidumbre tanto en los objetivos de las políticas, como en determinar la causalidad, considerar los impactos difusos de la política, la resistencia al cambio, la dificultad en la obtención de información, la influencia de falta de evaluación en algunos niveles, así como la perspectiva de limitantes de tiempo".

Durante el desarrollo de este trabajo, se versó en varias ocasiones sobre la importancia del para qué se evalúa y su uso práctico. En la siguiente sección abordaremos estos temas, haciendo énfasis en la importancia de la utilización del ejercicio de la evaluación tanto en el quehacer gubernamental no sólo como instrumento para la toma de decisiones sino, además, en la construcción e implementación de políticas públicas.

La razón de la evaluación

Los ámbitos de la evaluación son diversos, sin embargo, este documento se refiere a la evaluación de políticas públicas o programas sociales (Weiss, 2018). Ambas se asocian a aquellas acciones diseñadas para incrementar el bienestar de las personas (Weiss, 2018). Así entonces, son políticas o programas que pretenden "cambiar el conocimiento, las actitudes, los valores y las conductas de las personas, así como hacer modificaciones a las organizaciones donde trabajan, a las instituciones con las que deben negociar o a las comunidades donde viven. La cualidad en común de esos programas y políticas es la meta de mejorar y hacer más gratificante la vida de las personas a quienes deben beneficiar" (Weiss, 2018:44).

Con base en lo anterior, resulta pertinente retomar la definición de evaluación de Carol H. Weiss cuando señala que es una "valoración sistemática de la operación y/o de los impactos de un programa o política al compararlos con un conjunto de estándares implícitos o explícitos para contribuir al mejoramiento del programa o política en cuestión" (2018:45). Weiss disecciona su definición para señalar que, cuando se refiere a una valoración sistemática se habla del rigor investigativo del procedimiento de la evaluación, ya sea ésta, cuantitativa o cualitativa. Sobre si el objeto de estudio de la evaluación es la operación o el impacto de la política, Weiss menciona que el primero analiza cómo se instrumenta el programa, con el propósito de verificar que se está o no cumpliendo lo señalado en el diseño de la política pública. El segundo, el impacto, pretende responder ¿qué sucedió con los beneficiarios una vez que se implementó el programa?, ¿cómo fue afectada la población objetivo de la política?, ¿los individuos mejoraron o no su bienestar? (Weiss, 2018).

El ejercicio de la comparación sucede cuando en el proceso de la evaluación se cotejan los hallazgos de la valoración con los objetivos explícitos u oficiales del programa con el fin de emitir un juicio sobre los resultados de la política (Weiss, 2018). Se debe considerar que los objetivos del programa podrían modificarse durante su implementación, así como que, los propósitos oficiales no son los únicos dentro de la política, ya que también coexisten los fines de los operadores, patrocinadores, evaluadores y beneficiarios (Weiss, 2018). El último elemento de la definición y que nos ayuda a contestar la pregunta de ¿para qué evaluar?, se refiere a que se evalúa para mejorar el programa, ya sea en su funcionamiento, para la toma de decisiones o para la asignación de recursos, "los equipos de evaluación esperan que las autoridades empleen sus resultados para tomar las medidas adecuadas, y sientan satisfacción por la oportunidad de contribuir con el mejoramiento social" (Weiss, 2018:47).

Cejudo señala respecto a para qué se evalúa que, "en todos los casos... existe un denominador común: la intención de que el monitoreo y la evaluación sirvan para mejorar el desempeño de los programas" (2011:14). Si bien, la evaluación tiene diferentes propósitos como el debate público sobre el ejercicio gubernamental y la discusión legislativa sobre la asignación del presupuesto, también se encuentra el fin de contribuir en la mejora del diseño y operación de las políticas públicas (Cejudo, 2011).

> Una evaluación que no genera información relevante para mejorar el contenido o los procesos de una política pública es probablemente una evaluación sin sentido... El propósito de este mecanismo es que los programas hagan efectivamente uso de los resultados de la evaluación. El instrumento para lograrlo es la rutinización de la atención a las recomendaciones de la evaluación (Cejudo, 2011:13).

Como lo menciona Weiss existen diferentes objetivos dentro de una política pública, entre ellos, los propios de operadores y ejecutivos de alta jerarquía que toman decisiones sobre la aplicación del programa, o de quien contrata al evaluador, y los asociados a este último. Esta situación podría significar que, las recomendaciones de la evaluación no sean procesadas adecuadamente por parte de los operadores o tomadores de decisiones (Cejudo, 2011).

Entonces cuando se habla de rutinización se puede entender como "la internalización de la lógica de la evaluación en las organizaciones públicas y en el comportamiento de los funcionarios, puede significar también la apropiación de los procedimientos, pero no de la sustancia. Es decir, existe el riesgo de que los programas sigan los procedimientos para cumplir con las disposiciones que le obliga a atender las recomendaciones de las evaluaciones, pero que no hagan un esfuerzo real por convertir esas recomendaciones en acciones que deriven en mejores resultados del programa" (Cejudo, 2011:13). El ideal es que, los operadores de la política identifiquen y seleccionen los hallazgos factibles de aplicar, aquellos con el mayor potencial de mejora en el funcionamiento y resultados del programa (Cejudo, 2011).

Pero, podríamos preguntarnos ¿cómo se logra esto? Porque pareciera una ecuación lineal la identificación de hallazgos por parte del evaluador, y la aplicación de los mismos para mejorar la política, del lado de los operadores. Ante ello Guillermo Cejudo señala que, "si bien cada hallazgo de una evaluación tiene el potencial de convertirse en una acción de mejora, existen numerosos obstáculos para que ello ocurra, tanto del lado de la evaluación como del programa. Cada uno de los pasos en esta relación supone un ejercicio de mediación, cuya efectividad dependerá de diferentes atributos: la capacidad del evaluador para identificar oportunidades de mejora en el desempeño de un programa; el conocimiento detallado de la operación del programa por parte del evaluador para derivar recomendaciones relevantes de esos hallazgos; la sofisticación técnica, el interés y la capacidad administrativa de los decisores para entender y procesar esos hallazgos para convertirlos en decisiones; la capacidad administrativa para implementar efectivamente dichas decisiones de acuerdo con los criterios y procedimientos definidos; y la solidez de la lógica causal (y la inexistencia de perturbaciones externas) que permitan llegar a los resultados previstos" (2011:15).

Sin embargo, dicha claridad técnica podría no ser suficiente para lograr la rutinización de la evaluación, ya que su internalización dependerá del diseño institucional, que para algunos autores se debe a la carencia de incentivos que motiven a los operadores de los programas a utilizar instrumentalmente los hallazgos de la evaluación (Montiel, 2011). Si bien, los procedimientos de evaluación nacen, en parte, a partir de la carencia de eficiencia y eficacia del desempeño gubernamental a través de sus programas, también surgen por la necesidad de exigir al Estado resultados e impactos relevantes en el bienestar de las personas (Montiel, 2011). "La evaluación también significa construir consensos alrededor de valores sociales y poner en evidencia las bondades y defectos del sistema existente" (Montiel, 2011:31).

Pero entonces ¿qué sucede con las recomendaciones de la evaluación?, ¿para qué sirven los resultados de las evaluaciones?, ¿cómo utilizar los hallazgos de las evaluaciones? Se pretende hacer un bosquejo de las posibles respuestas a estos cuestionamientos en el siguiente apartado.

¿Qué hacer con los resultados de las evaluaciones? El uso de los hallazgos en la mejora de las políticas públicas

Se concibe a la rutinización de la evaluación como "la internalización de la misma tanto en la lógica de las organizaciones públicas como en el comportamiento de los funcionarios" (Cejudo, 2011). Dicha internalización se visualiza como un "instrumento" para la utilización sustantiva de las evaluaciones. En la academia se encuentran diversas propuestas de clasificación del uso de la evaluación de las políticas públicas, aquí retomaremos aquella asociada con su utilización conceptual e instrumental (Montiel, 2011).

> En primer lugar, al darle un uso conceptual a la evaluación, a pesar de contar con información relevante que contribuye al aprendizaje social, no se logra un vínculo entre esta información y la toma de decisiones. En contraste, el uso instrumental de la evaluación es la condición a la cual debería encaminarse todo sistema de evaluación, en concreto significa que los resultados sirvan realmente

> como herramienta para reformular o rediseñar proyectos, programas y políticas. Para entender mejor estos conceptos en el ámbito de las organizaciones públicas, podemos relacionarlos con dos fases: (1) la adopción y (2) la implementación, respectivamente. La primera se refiere al desarrollo de mecanismos de medición de resultados, productos y de eficiencia; mientras que la segunda se refiere al estricto uso de estas medidas –o de estos resultados- sea para la planeación estratégica; el rediseño del programa; la asignación de recursos; o el monitoreo a la administración interna" (Montiel, 2011:32).

En el plano conceptual algunos autores (Weiss, 2018; Chen y Rossi, 2018) promueven una investigación evaluativa bajo el rigor teórico; mientras que del lado de la implementación académicos (Cejudo, 2011; Montiel, 2011; Chelimsky, 2018) señalan la importancia de los resultados de la evaluación como agentes de mejora y de cambio del desempeño gubernamental. Más allá de una diferencia entre ambos enfoques, existe una complementariedad (que se abordará en el siguiente apartado), ya que la preocupación común es la garantía de utilidad de los hallazgos de la evaluación (Montiel, 2011).

Tabla 1.

Fases del proceso de utilización de las evaluaciones dentro de las organizaciones públicas

FASES	CARACTERÍSTICAS	INSTRUMENTOS	TIPO DE USO
Adopción	Contribución al proceso de aprendizaje sobre los programas (Desarrollo de conocimiento para actuar).	Desarrollo de mediciones de resultados, productos y eficiencia.	Conceptual

Implementación	Utilización de los instrumentos derivados en la fase de adopción (Conocimiento convertido en acción).	Planeación estratégica, rediseño del programa, asignación de recursos, gestión del programa y monitoreo a la administración interna.	Instrumental

Fuente: (Montiel, 2011)

Para Cejudo (2011) los retos del uso de las evaluaciones se pueden enumerar en:

1. Mejoras en el diseño, funcionamiento, y por lo tanto, en los resultados de los programas gubernamentales; para lograrlo, los hallazgos deben ser pertinentes, demostrar una lógica causal con el núcleo de la política pública.

2. Además de pertinentes, los hallazgos deben ser factibles, lo que significa que, la decisión de aplicar la recomendación debe ser políticamente viable, contar con capacidad administrativa existente, disponibilidad de recursos presupuestales y/o con probabilidad real de llevar a cabo modificaciones legales.

3. Recomendaciones claras y precisas respecto al programa que señalen de manera específica los instrumentos o herramientas para implementarlas; para lograrlo, se requiere de un conocimiento especializado del funcionamiento del programa y de la institución pública que lo implementa.

4. Internalizar el proceso de evaluación en las organizaciones públicas, más allá de cumplir con la obligación de llevarlo a cabo.

5. Capacidad institucional (voluntad, toma de decisiones y recursos) para realizar las modificaciones viables y pertinentes al programa.

6. Vincular las normas y prácticas del sistema de evaluación con aquellas asociadas a la transparencia, acceso a la información, contabilidad gubernamental, control del gasto, control interno y fiscalización. "La fragmentación actual de la rendición de cuentas en México es, por una parte, una limitante a la efectividad del sistema de evaluación pero, por la otra, es consecuencia directa de la falta de articulación del sistema de evaluación con el resto... Se trata, desde luego, de un desafío que rebasa al sistema de evaluación, pero que está detrás de muchos de los obstáculos para la utilización efectiva de los hallazgos de las evaluaciones" (Cejudo, 2011:20).

Hasta aquí, se puede observar que desde la perspectiva organizacional en las oficinas gubernamentales existe la idea de que, la evaluación es sólo un tema que debe cumplirse por mandato legal y que su utilidad es mínima. Si en efecto la cultura de la evaluación persiste, también lo hace a través de una generalización de prácticas y actitudes no institucionalizadas (Cejudo, 2011). En la siguiente sección se abordan los desafíos de la evaluación desde su enfoque conceptual.

¿Cómo se utilizan los resultados del proceso sistemático de la evaluación?

El ejercicio gubernamental debe ser evaluado, entre otros aspectos para: 1) Apoyar al Congreso en la supervisión que realiza a los programas públicos; 2) Crear una base de conocimientos para el diseño de políticas; 3) Apoyar a los operadores en el fortalecimiento de sus capacidades en la implementación y análisis de los hallazgos, a fin de incrementar el aprendizaje en los programas; 4) Fortalecer la información pública respecto al quehacer público a través de la difusión de los resultados de las evaluaciones (Chelinsky, 2018). En el apartado anterior los puntos 1 y 3 fueron abordados a manera de esbozo, en el presente nos abocaremos al numeral 2.

Para Chelinsky (2018) el aporte de la evaluación al avance del conocimiento se traduce al papel del gobierno en su actividad para informar y educar sobre las causas y factores de los problemas públicos, los resultados de los programas que pretenden resolver a aquellos. Aunado a que el valor de las evaluaciones para el gobierno es alto, ya que, sin ellas, los tomadores de decisiones asumirían riesgos al decidir continuar o concluir ciertos programas. Para autores como Chen y Rossi (2018) los programas sufren de una carencia, "... el desarrollo de modelos teóricos para fundamentar intervenciones sociales" (Chen y Rossi, 2018:77). "Una desafortunada consecuencia de esa falta de atención a la teoría es que los resultados de la investigación en evaluación frecuentemente promueven una comprensión limitada, y a veces distorsionada, de los programas. Generalmente, no queda claro si los casos registrados en que fracasan los programas se deben al hecho de que éstos se basan en fundamentos conceptuales deficientes... o a que los tratamientos se aplicaron en grados tan bajos de dosificación que no lograron producir ningún resultado o a que se implementaron deficientemente" (Chen y Rossi, 2018:78).

Chen y Rossi (2018) proponen desarrollar teorías, construir modelos plausibles y defendibles respecto a cómo funcionarán los programas antes de ser evaluados. Como se mencionó en apartados anteriores, las evaluaciones emiten juicios sobre el cumplimiento de los objetivos de los programas, sin embargo, cuando éstos son definidos y adecuados a la operación de la política con el objetivo de lograr los efectos deseados, pueden ser ambiguos y faltos de claridad, significando un quehacer completo de investigación empírica todo proceso de evaluación (Chen y Rossi, 2018).

Por su parte, Lipsey (2018) señala que entre los propósitos de la evaluación se encuentra el apoyo a programas exitosos, el apuntalamiento de decisiones e impactos, la anulación de programas fallidos, el fortalecimiento de la opinión pública. Ya en sí mismo, todo procedimiento de evaluación es un proceso detallado y diseñado con cuidado para cada programa o política pública. Así entonces, la teoría existente sobre el programa guía al evaluador sobre las variables, las relaciones que existen entre ellas, y el rol que juegan en los resultados (Lipsey, 2018). Esta teoría permitirá al evaluador discernir sobre las diferencias en los hallazgos de los programas sociales con características comunes, o bien, respecto a los impactos de la propia política.

Contar con una teoría que avale la implementación del programa representa ventajas al momento de la evaluación. En principio porque se contaría con descripciones refinadas de las causas y efectos de la intervención gubernamental, y con ello, sería posible identificar los aspectos claves de la política, permitiendo diseñar y llevar a cabo una mejor evaluación de la misma. Además, esa teoría daría luces respecto al proceso del programa, señalando las cuestiones operativas que influyen de manera crucial en el éxito o fracaso de la política (Lipsey, 2018).

Así entonces, la teoría es el eslabón que permite cerrar la brecha entre la evaluación de políticas existentes y el diseño de nuevas o mejoradas (Lipsey, 2018). Puesto que, como lo menciona Weiss el proceso de evaluación es sistemático, ya que, el rigor es considerado "...de suma importancia cuando a) los resultados por evaluar son complejos, difíciles de observar y constan de muchos elementos que reaccionan de formas diversas; b) las decisiones subsecuentes son importantes y costosas; y c) se requieren evidencias para convencer a otras personas de la validez de las conclusiones" (2018:47). "Las decisiones sobre operaciones futuras afectarán el destino de muchos e implicarán enormes sumas de dinero; quienes tienen derecho a opinar -legisladores, juntas directivas o futuros clientes- no son tan cercanos al programa y desean obtener información concluyente que les ayude en la toma de decisiones" (Weiss, 2018:48).

Para autores como Carol H. Weiss (2018) y Lipsey (2018), la evaluación requiere del rigor teórico como cualquier investigación, a pesar de que "... la evaluación se considera investigación de menor importancia que la tradicional o pura" (Weiss, 2018: 68). Pero esto no es así, porque cualquier evaluador puede afirmar que el proceso de una evaluación necesita de habilidades más elevadas que las de una investigación controlada por su propio autor (Weiss, 2018). Esto debido principalmente a que, convergen diferentes actores, así que el evaluador debe contar con la habilidad de que la investigación sea de utilidad para los operadores y la toma de decisiones (Weiss, 2018; Cejudo 2011) y sin perder su rigor teórico dentro de la lógica institucional de las organizaciones (Weiss, 2018; Montiel, 2011). Aunado a ello, el evaluador debe tener conocimientos sobre la formulación de las preguntas de investigación, el diseño experimental y el muestreo, así como la destreza de recopilar datos e interpretarlos. Esto significa contar con la pericia para aplicarlo en su proceso de evaluación; y al mismo tiempo, debe tener el temple para defender el diseño de su investigación y los hallazgos, y en su momento la divulgación de su estudio (Weiss, 2018).

Así Weiss (2018) señala que existen importantes similitudes entre el proceso sistemático de la evaluación y la investigación de cualquier índole. "Al igual que otros tipos de estudio, la evaluación busca: a) describir; b) entender las relaciones entre las variables; y c) delinear la secuencia causal entre una variable y otra. Como la evaluación estudia un programa que interviene en la vida de las personas con el propósito de producir cambios, a veces puede efectuar inferencias directas sobre los vínculos causales que van del programa hacia el efecto" (Weiss, 2018: 67).

Si lo anterior es cierto, entonces se debería contar con un repositorio que permita la retroalimentación del conocimiento generado por las evaluaciones realizadas a programas públicos, porque prácticamente no se ha trabajado en encontrar patrones generales de los hallazgos en las diferentes políticas (Lipsey, 2018). Esto permitiría contar con un cúmulo de conocimiento que los diseñadores de políticas podrían consultar antes de concluir su primer bosquejo de programas, con el propósito de evitar cometer errores y analizar si se pueden lograr los mismos aciertos, en políticas similares. Asimismo, a los implementadores este conocimiento acumulado les concedería prever fallas en la intervención y que orienten de manera negativa los impactos del programa. A los evaluadores, la consulta de este bagaje teórico brinda la posibilidad de enriquecer sus procesos de evaluación y concluir con hallazgos y resultados similares a programas semejantes. Quizás si esto fuera posible, estaríamos ante la posibilidad de una ciencia de la evaluación.

Consideraciones finales

Como se ha planteado en el cuerpo de este trabajo, el estudio de la evaluación de las políticas públicas es vasto y complejo, desde la conceptualización del término encontramos una gran variedad, que van desde definiciones técnicas muy sencillas del tipo: comparar los objetivos de una política con los resultados obtenidos, hasta definiciones muy complejas que tratan de abarcar todas las variables que constituyen dicho concepto como la de Cardozo (2006) que contempla todo el proceso que conlleva evaluar, así como algunos de sus propósitos; aun así encontramos puntos en común como considerar a la evaluación como la emisión de un juicio valorativo, que debe hacerse en un momento en específico, a través de cierta metodología (cuantitativa o cualitativa) dependiendo del momento en que se realice, el propósito de la evaluación, así como su tipo.

Al considerar a la evaluación como un proceso es que resulta importante considerar sus diferente fases o etapas que deben llevarse a cabo, destacando seis fases que van desde la identificación de costos, aplicación de escalas de medición, establecer parámetros, explicar los resultados obtenidos, así como calificar la acción para finalmente emitir recomendaciones.

En cuanto a la metodología utilizada para llevar a cabo la evaluación de políticas públicas encontramos que puede clasificarse en cuantitativa, cualitativa o mixta. Cada una aporta información diferente y en la mayoría de los casos complementaria por tanto se recomiendan las metodologías mixtas para tener un resultado más completo y que por tanto ayude al tomador de decisiones a optar por la mejor.

Por otro lado, cabe señalar que otro aspecto importante que se consideró en este trabajo tiene que ver con la legitimidad de la evaluación, la cual en el marco de la Nueva Gestión Pública tomó dos formas: la legitimidad tradicional y la legitimidad fundamentada en objetivos y resultados de la acción.

Por lo que respecta a la clasificación o tipología de la evaluación de políticas públicas podemos decir que, los tipos de evaluación dependerán de los criterios que se establezcan previamente, y que existe un sinfín de formas de clasificarla, por ejemplo, para Roth depende del momento, de la finalidad y objeto de la evaluación, los niveles, así como el tipo de evaluador.

Pero independientemente del tipo de evaluación que se esté realizando resulta relevante insistir en que la evaluación debe aportar elementos racionales y lógicos a los tomadores de decisiones, además de aportar en el campo de la transparencia y rendición de cuentas.

Otro de los aspectos que consideramos más importante en la evaluación de políticas públicas es el que tiene que ver con ¿por qué evaluamos?, en este sentido podemos encontrar varias respuestas que van desde la mejora de la intervención pública, obtener conocimiento acerca de alguna fase en especial, hasta generar información relevante para la correcta toma de decisiones.

Después de darle respuesta al por qué, nos enfocamos en la utilización de los hallazgos de las evaluaciones, ya que no tendría ningún sentido generar información, obtener conocimiento sino me es útil. Por un lado, encontramos un uso instrumental de la evaluación que significa la utilización de los resultados como herramienta para reformular, rediseñar, adaptar proyectos, programas y políticas; por otro lado tenemos un uso conceptual que tiene que ver con desarrollo de mediciones de resultados, productos y eficiencia.

Consideramos relevante cerrar este trabajo con la importancia que debe darse a la teoría dentro de la evaluación, ya que ésta es la que guía al evaluador para poder hacer un contraste entre lo que se logró y lo que se propuso realizar una política o programa social, da luz al evaluador para comprender de mejor manera los hallazgos, es la mediadora entre la evaluación y el diseño de nuevas o mejoradas políticas.

Finalmente debemos recalcar que el ejercicio de la evaluación debe ser considerado como un proceso de investigación científica, por tanto, debe ser riguroso y sistemático, desde el planteamiento de los objetivos hasta la metodología que se llevará a cabo para realizar la evaluación y escapar de conceptos como pseudo evaluación o evaluaciones ad hoc que más bien son utilizadas por los servidores públicos para legitimar sus decisiones y manera en la se le da solución a un problema público.

Fuentes consultadas

AGUILAR ASTORGA, C.R. (2017). Evaluación de políticas públicas. Una aproximación [versión PDF] Universidad Autónoma Metropolitana, México. Recuperado de https://www.casadelibrosabiertos.uam.mx/contenido/contenido/Libroelectronico/evaluacion_politicas.pdf

ANDERSON, J. (2000). Public Policymaking. Houghton Miffling. Estados Unidos.

BONNEFOY, J. C., & ARMIJO, M. (2005). Indicadores de desempeño en el sector público [versión PDF] ILPES, CEPAL, ONU, Chile. Recuperado de https://repositorio.cepal.org/bitstream/handle/11362/5611/S05900_es.pdf?sequence=4&isAllowed=y

CABRA TORRES, F. (2014). Evaluación y formación para la ciudadanía: una relación necesaria. Revista Iberoamericana de educación. (64) 177-193 https://redined.educacion.gob.es/xmlui/bitstream/handle/11162/179124/v.64%20p%20177-193.pdf?sequence=1&isAllowed=y

CARDOZO BRUM, M. (2006). La evaluación de políticas y programas públicos [versión PDF] Miguel Ángel Porrúa, México. Recuperado de http://biblioteca.diputados.gob.mx/janium/bv/ce/scpd/LIX/eval_pol_prog_pub.pdf

CEJUDO, G. (2011). De las recomendaciones a las acciones: el uso de la evaluación en la mejora del desempeño del gobierno. En G. Cejudo (coord.). De las recomendaciones a las acciones: la experiencia del premio 2011 (pp.11-28) México: CIDE.

CHELIMSKY, E. (2018). Los propósitos de la evaluación en una sociedad democrática. En C. Maldonado (coord.). Antología sobre evaluación (pp. 184-230). México: CIDE-CLEAR.

CHEN, H., Y ROSSI, P. H. (2018). Evaluación con sentido: el enfoque basado en la teoría. En C. Maldonado (coord.). Antología sobre evaluación (pp. 77-103). México: CIDE-CLEAR.

LIPSEY, M. W. (2018). ¿Qué se puede construir con miles de ladrillos? Reflexiones sobre la acumulación de conocimiento en la evaluación de programas. En C. Maldonado (coord.). Antología sobre evaluación (pp. 103-130). México: CIDE-CLEAR.

MAJONE, G. (1997). Evidencia, argumentación y persuasión en la formulación de políticas. Fondo de Cultura Económica. México.

MERINO, M. (2009). Sobre la evaluación de las políticas públicas. ASF. México.

MOORE, M. (1998). Creating Public Value: strategic management in government. Harvard University Press. Estados Unidos.

MONTIEL, M. (2011). La evaluación como instrumento de cambio ¿Cómo se utilizan las evaluaciones en los programas gubernamentales en México? En G. Cejudo (coord.). De las recomendaciones a las acciones: la experiencia del premio 2011 (pp. 29-66) México: CIDE.

NIOCHE, J. (1982). De lévaluation á lánalyse des politiques publiques" en Revue Françoise de Science Politique, Vol 31, No 1, Février pp.32-61.

PALLAVICINI, V. (2014). Evaluación de políticas públicas y Gestión por Resultados: el reto de las administraciones públicas en A. Ríos Cázares(coord.) La evaluación de políticas públicas en América Latina: métodos y propuestas Docentes. 49-64. CIDE-Centro CLEAR para América Latina-Red Inter-Americana de Educación en Administración Pública.

ROTH, A. (2002). Políticas Públicas. Formulación, implementación y evaluación. Ed. Aurora. Colombia.

SALAZAR VARGAS, C. (2009). La evaluación y el análisis de políticas públicas. Revista Opera, (9), 23-51. Recuperado de https://www.redalyc.org/pdf/675/67515007003.pdf

___________(2013) Política Pública. Fundamentación 1 [versión PDF] Centre for Advanced System & Administration Carlos Salazar & Asociados. Recuperado de http://carlosalazarvargas.org/wp-content/uploads/2015/09/POL%C3%8DTICA-P%C3%9ABLICA-I.-FUNDAMETACION.pdf

SALCEDO AQUINO, R. (2011). Evaluación de las políticas públicas. [versión PDF] Biblioteca Básica de Administración Pública, Siglo XXI, México. Recuperado de http://data.evalua.cdmx.gob.mx/docs/estudios/i_epp_eap.pdf

SUBIRATS, J., KNOEPFEL, P., LARRUE, C., & VARONE, F. (2008). Análisis y gestión de políticas públicas. [versión PDF] Ariel, España. Recuperado de https://igop.uab.cat/wp-content/uploads/2014/01/subirats2aparte1.pdf

WEISS, C. (2018). Preparando el terreno. En C. Maldonado (coord.). Antología sobre evaluación (pp. 40-76). México: CIDE-CLEAR.

Programa de Recuperación del Campo Poblano. Componente I.

Recuperación de la Cafeticultura Poblana implementado por la Secretaría de Desarrollo Rural en el estado de Puebla

EVELYN SOLIS LEÓN[1]
FRANCISCO JOSÉ RODRÍGUEZ ESCOBEDO[2]

Introducción

El estado de Puebla, es un polo estratégico de desarrollo al ofrecer oportunidades para el sector primario, esto se debe a su diversidad de climas, suelos y regiones hidrológicas. Las cuales presentan condiciones favorables en la producción de una amplia variedad de especies vegetales y animales. En la logística, por su ubicación, se le ha nombrado la puerta del sur/sureste del país y el vínculo con la Zona Metropolitana del Valle de México. Sus condiciones también le colocan como la conexión entre el centro y el norte y como acceso a puertos en el Golfo de México, el Pacífico (Gobierno de Puebla, 2019, p.90).

Con estas condiciones y las contribuciones del sector agrícola a la producción nacional (4.3% del PIB), el estado de Puebla concentra más acciones en la mejora de las condiciones del campo poblano y los ha estipulado en diferentes mecanismos e instrumentos

---

1 Doctora en Desarrollo Económico y Sectorial por la Universidad Popular del Estado de Puebla y actualmente realizando Estancia Posdoctoral en el Instituto de Ciencias de Gobierno y Desarrollo Estratégico de la BUAP.

2 Doctor en Ciencias Socioeconómicas por el Instituto de Socioeconomía, Estadística e Informática del Colegio de Posgraduados, Campus Estado de México. Profesor investigador en el Instituto de Ciencias de Gobierno y Desarrollo Estratégico de la BUAP. Miembro del SNI, Nivel I.

institucionales y gubernamentales además de los documentos que son guía para una estrategia estatal alineando compromisos y actividades con la agenda nacional e internacional con la Agenda 2030.

El Plan Estatal de Desarrollo 2019-2024 está conformado por 4 Ejes de Gobierno, un Eje Especial y 4 enfoques transversales que le facilitan la capacidad de respuesta a las necesidades y las peticiones ciudadanas para que, el gobierno mejore su actuar y la gestión de los recursos públicos en temas que son prioritarios a nivel estatal. Los ejes de gobierno son:

1. Seguridad Pública, Justicia y Estado de Derecho.
2. Recuperación del Campo Poblano.
3. Desarrollo Económico para Todas y Todos.
4. Disminución de las desigualdades

Estos ejes se complementan con el Eje Especial Gobierno Democrático, Innovador y Transparente. En cuanto a los Enfoques Transversales, se integran: i. Infraestructura, ii. Pueblos originarios, iii. Igualdad Sustantiva y iv. Cuidado Ambiental y Atención al Cambio Climático (PED, 2019, p.76). La Secretaría de Desarrollo Rural del estado de Puebla es la responsable de atender el Eje 2 (Recuperación del Campo Poblano), y a nivel nacional, está alineado al Eje 3. Economía.

El Eje 2. Recuperación del Campo Poblano tiene como objetivo: rescatar al campo poblano promoviendo o reforzando los entornos regionales favorables en la mejora de las actividades agropecuarias, acuícolas y apícolas. En él, se aplica el enfoque de desarrollo sostenible, la identidad, la perspectiva de género y la interseccionalidad (PED, 2019, p.95).

A nivel internacional, como parte de su integración al plan de trabajo del gobierno estatal, también se incluyen los compromisos de la Agenda 2030, que para el caso de la Secretaría de Desarrollo Rural, lo incluye en sus estrategias y líneas de acción correspondientes y vinculantes con el cumplimiento de los 17 Objetivos de Desarrollo Sostenible (ODS) de la Agenda 2030 (PED, 2019, p.86). La Tabla 1 indica las estrategias para la Secretaría de Desarrollo Rural y su vinculación con los Objetivos de Desarrollo Sostenible (17) que establecen las Naciones Unidas.

Tabla 1.
Vinculación de las estrategias con los 17 ODS: Secretaría de Desarrollo Rural

Secretaría	Estrategia	ODS
Desarrollo Rural	1. Impulsar las cadenas productivas agrícolas, pecuarias, acuícolas y apícolas para fortalecer la productividad	• Hambre cero (2). • Producción y consumo responsables (12). • Trabajo decente y crecimiento económico (8). • Industria, innovación e infraestructura (9). • Vida de ecosistemas terrestres (15).
	2. Fortalecer canales de comercialización que propicie la integración de cadenas de valor estratégico.	• Hambre cero (2). • Trabajo decente y crecimiento económico (8). • Industria, innovación e infraestructura (9). • Ciudades y comunidades sostenibles (11). • Producción y consumo responsables (12).
	3. Fortalecer la gestión de conocimiento en el desarrollo rural para el mejoramiento de las capacidades.	• Educación de calidad (4). • Trabajo decente y crecimiento económico (8). • Industria, innovación e infraestructura (9). • Reducción de las desigualdades (10). • Producción y consumo responsables (12).
	4. Impulsar la capitalización del campo a fin de transitar hacia un desarrollo rural sostenible.	• Educación de calidad (4). • Igualdad de género (5). • Trabajo decente y crecimiento económico (8). • Reducción de las desigualdades (10). • Producción y consumo responsables (12).

Elaboración propia, 2023. Adaptado de PED, 2019, pp.94-97. UNU, 2023.

El *componente* I. *Recuperación de la Cafeticultora Poblana,* tiene injerencia en 3 de las 4 estrategias del Eje 2 del Plan Estatal de Desarrollo. En la Estrategia 1, las líneas de acción vinculantes son: 2. Impulsar la tecnificación y el equipamiento productivo, 3. Facilitar el acceso a los insumos productivos, 4. Fortalecer la sanidad e inocuidad de los productos agropecuarios, 5. Implementar mecanismos de innovación.

Por su parte, la Estrategia 2, atiende la línea de acción 1. Impulsar el comercio regional, nacional e internacional de los productos del campo poblano, 2. Impulsar la calidad de los productos y servicios del campo poblano, 3. Promover el posicionamiento de los productos del campo en los diferentes mercados. En la Estrategia 3, las líneas de acción vinculantes con el tema de cafeticultura son: 1. Impulsar el desarrollo de las capacidades en el medio rural, 2. Desarrollar modelos regionales replicables, 3. Promover los saberes locales, 4. Impulsar esquemas de transferencia de conocimiento y 5. Impulsar mecanismos de innovación rural (PED, 2019, p.96).

1.1 Incorporación a la agenda de gobierno

Si bien el sector primario hace una importante contribución al Producto Interno Bruto (PIB) nacional, aún existen zonas con una deficiente productividad; sobre los que se han canalizado programas y acciones concretas en la mejora del bienestar social. En un diagnóstico previo por parte del equipo de transición de la administración 2019-2024; este equipo identificó la necesidad de apoyar la transformación de los cafetales con cultivares viejos, con mínimo o sin manejo nutrimental, problemas de roya; en coordinación con los productores a la mejora de las condiciones. Es por esta razón que la recuperación del campo poblano es un tema prioritario para el gobierno del estado. En la operación, la acción gubernamental mantiene la selección y aplicación de acciones que generen o en su caso, mantengan las condiciones de bienestar, atiendan las necesidades de la población mejorando así su calidad de vida.

Los programas que la Secretaría de Desarrollo Rural tiene en operación durante el periodo 2021, 2022 y 2023 son 3: Programa de Recuperación del Campo Poblano, Programa de Desarrollo Rural, Productividad de los Pequeños Productores y Programa Impulso a las Mujeres en el Sector Rural. Desde su diseño, se han enfocado en la atención del Eje 2. Recuperación del Campo Poblano incluido como uno de los aspectos esenciales dentro del Plan Estatal de Desarrollo del estado de Puebla encaminando así el fortalecimiento del sector primario promoviendo y potencializando el desarrollo estatal y local acorde a las actividades productivas de cada región (PED, 2019).

El Programa de *Recuperación del Campo Poblano* está integrado por 5 *componentes* (Figura 1) que permiten una línea concreta hacia la atención de las necesidades de la ciudadanía poblana con énfasis en las actividades como la cafeticultura, cultivos de alto valor comercial, maíces nativos, sectores pecuario, avícola y apícola.

Figura 1.

Los componentes del Programa de Recuperación del Campo Poblano: cafeticultura poblana

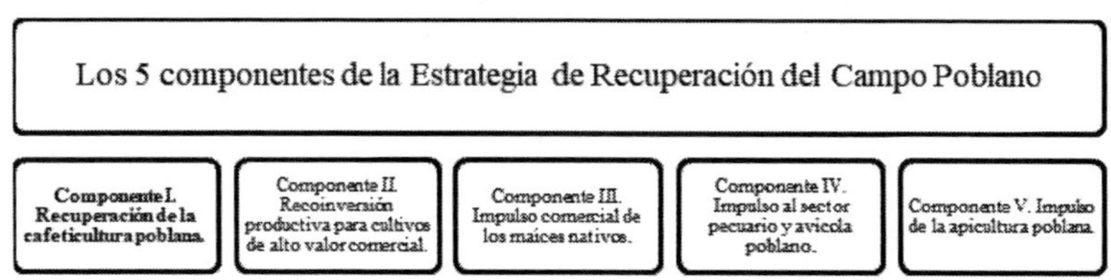

Elaboración propia, 2023. Secretaría de Gobernación, p.6.

En este capítulo, se aborda el *componente* I. *Recuperación de la cafeticultura poblana* como parte de la Estrategia de *Recuperación del Campo Poblano* enfatizando acciones encaminadas al fortalecimiento e impulso al desarrollo rural con identidad y perspectiva de género como se identifica en determinados ámbitos de influencia del componente.

El *componente* cafeticultura se integra en la agenda de gobierno derivado de estudios previos sobre el campo donde se destaca que el estado de Puebla cuenta con todos los microclimas que promueven la diversidad en las cadenas productivas (locales, estatales y nacionales). El cultivo de café es propicio en climas subtropicales y tropicales de las Sierras Norte, Nororiental y Negra del estado (PED, 2019). El programa y sus componentes son un medio institucional para informar a los productores de nuevas tecnologías de producción, la compra de insumos, el cuidado de la cosecha, la comercialización de los productos del campo y con líneas rectoras claras, se integran a la agenda de gobierno impulsando así soluciones puntuales a los requerimientos del campo. Además, se integran modelos para el desarrollo local que sean adecuados respaldándose en una política comprensiva. El subsecretario de Desarrollo Rural, el Dr. Óscar Hernández Fernández describe la dinámica que se genera previo a la integración del PED, del Plan Sectorial y de los Programas Sociales para el estado de Puebla:

> Cuando llegamos a la administración, es el arranque, en agosto del 2019 se construye el Plan Estatal de Desarrollo por parte del Gobernador Luis Miguel Barbosa y él propone que haya un eje, el 2 dentro del Plan Estatal, que se llame: Recuperación del campo poblano, que es el Eje 2 dentro del Plan Estatal. Como Secretaría de Desarrollo Rural, somos cabeza del Eje 2 y hacemos un diagnóstico participativo comunitario regional. En ese momento estábamos trabajando 22 regiones (Hernández, 01/03/2023).

1.2 Gestación

Aunado a la planeación estratégica, la consideración de los temas que han sido prioritarios para el estado de Puebla bajo los enfoques de administraciones anteriores actualiza la visión por regiones. Si bien mantiene elementos como las tradiciones, las vocaciones productivas y las dinámicas recomendadas por ubicación, la transición del gobierno respalda tanto la visión como la propuesta con la participación ciudadana y actores que son parte del progreso del estado. Además de agrupar las necesidades, problemáticas y las propuestas con respaldo de expertos en el sector:

> En ese momento estábamos trabajando 22 regiones. Después se hicieron 32 porque la zona metropolitana se desagrega y cada ciu-

> dad como región por eso se generan las 32 regiones pero nosotros hacemos 22 foros y en cada foro convocamos a todos los municipios que formaban parte de esa región invitando a autoridades municipales, instituciones de educación, productores representativos de los cultivos que tenemos en cada región y actores principales de acuerdo al área y profesionistas sobre todo profesionistas y profesionales del campo independientemente de si son agrónomos, contadores, abogados, biólogos, médicos veterinarios siempre y cuando estos profesionales tengan una vinculación con el desarrollo del campo (Hernández, 01/03/2023).

Los profesionistas y expertos en temas del campo se focalizaron en 11 propuestas que incluye la descripción de la problemática, los objetivos por atender incluyendo las líneas de acción para el rescate del campo desarrollando las capacidades y habilidades en el sector rural ejecutando programas, subprogramas y componentes como en este capítulo sobre la cafeticultura poblana.

En la etapa previa al inicio de actividades de la administración estatal 2019-2024; el gobierno de Puebla realiza una serie de encuentros con grupos sociales que les permitió tener un acercamiento y la detección de necesidades, demandas y aspiraciones de los ciudadanos. Se establece una dinámica entre posturas diferentes, así como la actuación de diversos actores que no siempre comparten la misma ideología pero que el compromiso de trabajo por Puebla les genera un espacio para el diálogo e intercambio de ideas (PED, 2019).

La información que se obtuvo de los diagnósticos y del trabajo directo con la ciudadanía le permitió a los actores públicos recopilar, estudiar y plasmar en planes concretos las necesidades por regiones, lo que permitió la configuración inicial (2019) de dos programas fundamentales para la Secretaría de Desarrollo Rural: el Programa para la Recuperación del Campo Poblano y el Programa de Desarrollo Rural, Productividad de los Pequeños Productores. Posteriormente se incluyen por la aceptación de su enfoque y por petición del Poder Legislativo estatal el Programa Impulso a las Mujeres en el Sector Rural. Debido a las contingencias ambientales se incluye el Programa para la Atención de

Siniestros Agroclimáticos en el Campo Poblano (Secretaría de Gobernación, 2022).

Hernández, (01/03/2023) especifica sobre la dinámica del ejercicio ciudadano: "A través de estos diagnósticos participativos pudimos identificar cuáles eran las principales necesidades que teníamos en cada una de las regiones".

Con los productores de café, se realizan foros especiales con la participación de diferentes expertos: productores de café, empresas del ramo, así como técnicos del Programa de Desarrollo Rural Territorial (PRODETER). El análisis se centra en la problemática que presenta la cafeticultura en el estado de Puebla, para atenderlas estipulando además las principales regiones productoras, cinco propuestas que indican lo que se requiere en materia de coordinación con las diferentes dependencias federales, estatales y la iniciativa privada. Esto con el propósito de renovar los cafetales con especies de alto valor en el mercado nacional e internacional. Las cuatro restantes enfatizan en las necesidades del sector, de las que destacan:

- Implementar apoyos en insumos para el manejo agronómico y de esta forma se incremente el volumen y el valor de la producción del café.
- Mejorar los procesos referidos al beneficiado de café con infraestructura y equipos adecuados para de esta forma, mejorar la calidad en taza e incrementar su valor/precio en el mercado.
- Promover la imagen y comercialización del café poblano con identidad propia.
- Proporcionar asistencia técnica y capacitación a productoras y productores de café considerando desde la producción hasta los procesos de calidad en el beneficiado (Gobierno de Puebla, 2019, p.87).

Con estas propuestas, la configuración del Plan Estatal de Desarrollo, el Programa Sectorial, así como las políticas públicas de orden estatal permiten el impulso y apoyo a la cafeticultura poblana con las condiciones necesarias para convertirse y consolidarse como un estado innovador y esencial en la aportación nacional y competir en mercados de talla internacional.

1.3 Objetivo

A nivel general, la Estrategia tiene como objetivo consolidar la recuperación del campo poblano concentrando los apoyos hacia el fortalecimiento de las actividades agrícolas, pecuarias, apícolas y acuícolas del sector primario estatal. Las cuales son consideradas como una parte esencial del desarrollo enfatizando la visión sostenible de los recursos naturales, así como las vocaciones productivas de cada región. Las cuales pueden ser la aptitud, la capacidad y/o característica especial que presenta una unidad de producción, una localidad, un municipio o la región del estado de Puebla atendiendo, impulsado el desarrollo agropecuario, apícola y/o acuícola (Secretaría de Gobernación, 2022d).

1.3.1 Objetivo del componente

El *componente I. Recuperación de la Cafeticultura Poblana* tiene como objetivo específico continuar con el fortalecimiento de las actividades que respalden la recuperación de la cafeticultura en los municipios del estado de Puebla. En sus líneas de acción y en el actuar de los responsables del Programa, se van mejorando la producción, la infraestructura y equipamiento para agregarle valor a la producción primaria. Además de la incorporación de otras acciones que integren proyectos estratégicos contribuyendo a que la comercialización del café sea más eficiente (Secretaría de Gobernación, 2022d).

Este *componente* tiene como población objetivo los municipios dedicados a la producción del café por lo que todos los productores del estado de Puebla pueden participar seleccionado los apoyos que mejor se amolden a sus necesidades y a las reglas de operación.

Son elegibles las personas físicas y morales con lineamientos especificados en los criterios generales de elegibilidad y dictaminación de las reglas de operación del Programa con las adecuaciones pertinentes al *componente I. Recuperación de la Cafeticultura Poblana.* De esta forma pueden participar las personas que han decidido trabajar en lo relacionado a la cafeticultura, como es el caso de: asociaciones, cooperativas, microempresarios y/o empresarios productores del estado de Puebla.

Para el caso de las personas físicas, se considera además de los datos de identificación (género, edad, estratificación del productor): el grado de marginación de la localidad de residencia de la persona solicitante basándose en la categorización del Consejo Nacional de Población (CANAPO) y la ubicación del domicilio especificando si pertenece o no a un municipio indígena. Los criterios aplicables a las personas morales son similares al grupo anterior, como información adicional se debe indicar el número de socios, estratificación del productor (SAGARPA), grado de marginación de la localidad y ubicación del municipio indígena o no indígena considerando el domicilio fiscal (Secretaría de Gobernación, 2022).

1.4 Recursos

El *componente* I. *Recuperación de la Cafeticultura Poblana* como parte del *Programa de Recuperación del Campo Poblano,* tiene asignado por concepto de apoyo, montos máximos por beneficiario. Durante el año 2021, en las reglas de operación se estipulaba que en lo relacionado a los insumos para el manejo agronómico del café se otorgaban hasta $3,500 pesos por productor beneficiado cuando la superficie se encontrara entre .5 y .99 hectáreas destinadas a la producción del café. Por su parte, se consideraba un monto de hasta $6,000 pesos de apoyo para el productor beneficiario que tuviera una superficie igual o mayor a 1 hectárea específica para la producción de café (Secretaría de Gobernación, 2021, p.16)

El equipamiento para el beneficio de la cosecha de café, de acuerdo con la planeación del 2021, establece un máximo de $35,000 pesos por beneficiario y para el equipamiento que se destina para fortalecer la comercialización del café poblano establece un monto máximo de $250,000 pesos, este concepto aplica para personas físicas y morales que además de ser productoras, también están comercializando café (Secretaría de Gobernación, p.16).

La actualización de los montos y algunos otros criterios pertinentes al manejo de recursos, se van actualizando tanto en la convocatoria como en lo estipulado o previsto en el ejercicio fiscal vigente. En ocasiones, no se indican los montos debido a situaciones de planeación o gestión que le corresponden a otras dependencias estatales o en su caso, por la planeación que lleva la Secretaría responsable de la gestión del programa con sus respectivos subprogramas o componentes.

1.5 Apoyos

Los conceptos de apoyo incluyen insumos, materiales, equipos y/o herramienta e infraestructura; cada uno de ellos, proporciona un paquete considerando el tipo de apoyo para lo que se necesita también que tanto productores como beneficiarios cumplan con requisitos concretos (Tabla 2). Se han asignado una serie de requisitos que se establecen en las reglas de operación del programa.

Tabla 2.

Tipo de apoyo que proporciona el componente 1: cafeticultura poblana

#	Tipo de apoyo	Descripción
1	Insumos, equipos o herramientas para el manejo agronómico del café.	• Un paquete de insumos para la producción de café (por beneficiario/a). • Un paquete de equipos o herramientas para el manejo agronómico del café (por beneficiaria/o).
2	Materiales e insumos para la propagación del café.	• Un paquete de materiales e insumos para el establecimiento de viveros de plantas de café (por beneficiario/a).
3	Equipamiento para el beneficiado/a o almacenamiento de la cosecha de café.	• Un paquete de equipamiento o almacenamiento de la cosecha de café (por beneficiaria/o).
4	Infraestructura y equipamiento para la transformación o comercialización del café.	• Un módulo para la transformación o comercialización del café (por beneficiario/a).
5	Apoyo directo para manejo y control del barrenador del tallo del café.	• Paquete conforme a la superficie presentada (por productor/a).

Elaboración propia, 2023. Adaptado de la Secretaría de Gobernación, 2022d, p.21.

Para los apoyos 1. Insumos en el manejo agronómico del café y 3. Equipamiento para el beneficio de la cosecha de café adicionalmente los solicitantes deben comprobar que cuentan con una superficie destinada de al menos 0.5 hectáreas destinadas a la producción del café. En el concepto 4. Infraestructura y equipamiento para la transformación o comercialización del café, el solicitante debe ser una persona moral, acreditar su constitución y la propiedad legal del predio donde se instalará el proyecto.

Además de acreditar que han comercializado café, por lo menos, durante el periodo de un año (Secretaría de Gobernación, 2022).

1.6 Estructura jerárquica

La Secretaría de Desarrollo Rural en la operación y gestión de sus actividades, proyectos y la gestión de programas de orden estatal que atienden las necesidades y problemáticas detectadas en el sector; cuenta con la siguiente estructura: una Secretaría Particular, dos Subsecretarías y una Dirección General. La Subsecretaría de Producción y Productividad Primaria coordina las actividades de la Dirección de Agricultura, la Dirección Pecuaria, la Dirección de Manejo de Suelo y Agua y la Dirección de Sanidad e Inocuidad Pecuaria. Por su parte la Subsecretaría de Desarrollo Rural cuenta con el apoyo de la Dirección General de Servicios y Apoyos Técnicos, la Dirección de Desarrollo de Capacidades y Aseguramiento, la Dirección de Financiamiento a los Agronegocios, la Dirección de Vinculación a los Mercados, la Dirección de Desarrollo Rural y Participación. En la parte operativa, se apoya de la Dirección General de Innovación y Competitividad que incluye la Dirección de Planeación, Evaluación y Estrategia, la Dirección de Innovación y Sustentabilidad, la Dirección de Tecnologías de la Información, la Dirección Jurídica y la Dirección Administrativa (Figura 2).

Figura 2.

Estructura orgánica de la Secretaría de Desarrollo Rural (versión simplificada)

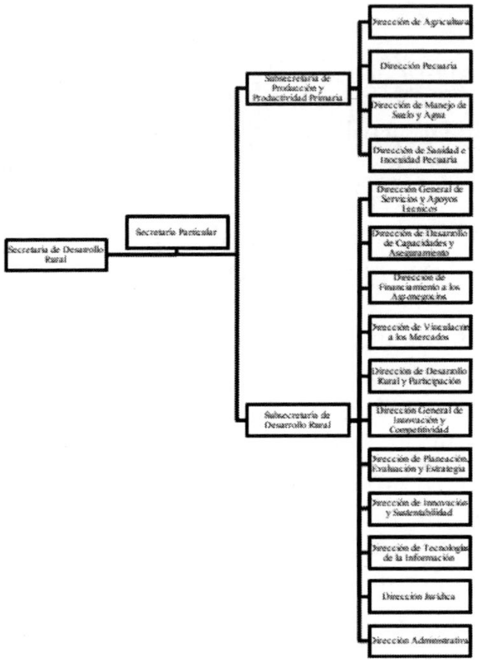

Elaboración propia, 2023. Adaptado de Gobierno del Estado de Puebla, 2021a, pp.13-14.

La Secretaría de Desarrollo Rural, en toda su estructura orgánica contempla su participación en todos los programas, subprogramas y componentes. Sin embargo, para enfatizar el compromiso y la gestión de fondos y recursos, el *componente I. Recuperación de la Cafeticultura Poblana,* considerando lo indicado por el subsecretario de Desarrollo Rural "[…] el *componente* de la cafeticultura poblana está en manos de la Dirección de Agricultura" (Hernández, 01/03/2023).

1.7 Funcionamiento

La mecánica operativa del Programa *Recuperación del Campo Poblano* incluye 4 etapas: Recepción y Registro de Solicitudes, Dictamen de Solicitudes y Autorización de Apoyos, Entrega del Apoyo, Seguimiento, Evaluación y Cierre (Figura 3), en cada una de ellas, se establecen responsables, documentación, sitios oficiales, oficinas, formatos e información vinculada con los atributos específicos de los componentes.

Figura 3.

Etapas del procedimiento para la obtención de Fondos para el Programa Recuperación del Campo Poblano

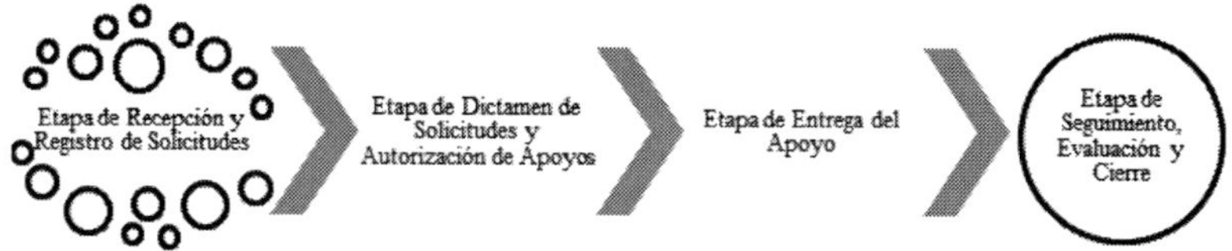

Elaboración propia, 2023. Adaptado de Secretaría de Gobernación, 2022d, pp.28-31.

Los actores o responsables que son parte del procedimiento son: solicitante, comisión dictaminadora, unidad responsable, instancia ejecutora, beneficiario, ventanilla o módulo de atención, delegación regional y dirección administrativa.

En la etapa de Recepción y Registro de Solicitudes participan la unidad responsable, la instancia ejecutora, el solicitante y la ventanilla o módulo de atención con funciones específicas que le dan sustento e inicio formal al procedimiento. La unidad responsable, después que se ha publicado en el Periódico Oficial del Estado, difunde las reglas de operación del Programa *Recuperación del Campo Poblano* en el portal institucional conforme lo establecido en el Acuerdo de la Secretaría de Desarrollo Rural del Estado de Puebla (SDR). La instancia ejecutora difunde en el portal institucional de la SDR la convocatoria a la par, se habilitan las ventillas o módulos de atención.

- Por su parte el solicitante (persona física o moral) presenta personalmente en ventanilla o módulo de atención, la solicitud de apoyo correspondiente al *componente* incluyendo los lineamientos generales y específicos. Solicitando así su registro en el Sistema de Gestión de Apoyos al Campo (SIGA).
- En ventanilla o módulo de atención, se recibe, revisa y verifica la documentación que presenta la o el solicitante cotejando lo necesario y comprobando la veracidad del contenido del expediente para que, si todo lo presentado cumple con lo estipulado, se le registra en el SIGA. El solicitante recibe documentos originales y el acuse de recibo de la solicitud de apoyo acorde al *componente*.
- Al finalizar la gestión de la ventanilla o módulo de atención, se elabora el listado de solicitantes e integra los expedientes físicos. Envía a la Instancia Ejecutora, de forma oficial, el listado de solicitudes registrados en SIGA, los expedientes físicos y la validación cuantitativa/cualitativa, respaldándolo con firma autógrafa de la procedencia del otorgamiento al beneficiario (Secretaría de Gobernación, 2022).

En la etapa de Dictamen de Solicitudes y Autorización de Apoyos, la instancia ejecutora recibe los expedientes físicos, el listado del SIGA, la validación cualitativa/cuantitativa con su firma autógrafa. La Comisión dictamina y de ser el caso, autoriza cada una de las solicitudes de apoyo conforme lo establecido por la normatividad aplicable. Posteriormente, la Instancia Ejecutora envía los resultados de la dictaminación a la Dirección de Desarrollo Rural y Participación para su difusión en ventanilla o módulos de atención. Publica en el portal oficial de la SDR el listado de las solicitudes dictaminadas: positivas con suficiencia presupuesta, positivas sin suficiencia presupuestal y solicitudes con dictamen negativo. La ventanilla o módulo de atención da a conocer el listado de los proyectos dictaminados aplicando la misma clasificación (Secretaría de Gobernación, 2022).

En la etapa de Entrega del Apoyo, la Delegación Regional determina y notifica a los beneficiarios las fechas y los lugares de entrega de los apoyos haciéndose responsable de la logística. Por su parte, los beneficiarios reciben y verifican que los apoyos se entreguen de conformidad con lo autorizado para que, posteriormente firmen a entera satisfacción el Acta Entrega-Recepción con la Delegación Regional o en su caso, directamente en la Dirección de Desarrollo Rural y Participación. En el Acta de Entrega-Recepción se les solicita documentación oficial de identificación, indicando localidad y municipio donde se aplica el recurso e incluye qué recibe de apoyo incluyendo el monto, folio y señalando si es parte de un programa, subprograma o componente (Secretaría de Gobernación, 2022).

En la etapa de Seguimiento, Evaluación y Cierre, la Instancia Ejecutora recibe las actas de entrega-recepción debidamente requisitadas y resguarda los expedientes tanto de solicitantes como de beneficiarios. Por su parte, la Unidad Responsable proporciona el seguimiento a la operación de los *componentes* del Programa conforme se estipula en las reglas de operación. La Instancia Ejecutora realiza el seguimiento hasta la conclusión de las actividades de entrega de apoyos, integrando así la documentación final adjuntando el listado final de beneficiarios. Concluye con la elaboración de un informe final para la Unidad Responsable y coadyuva en el cierre finiquito del *componente.*

La Dirección Administrativa gestiona los pagos correspondientes ante la Secretaría de Planeación y Finanzas de conformidad con la solicitud de la Unidad Responsable. Verifica también la realización de los pagos solicitados e informa a la Unidad Responsable, quien realiza el cierre finiquito en coordinación con la Instancia Ejecutora (Secretaría de Gobernación, 2022).

La Comisión Dictaminadora, como órgano colegiado, autoriza las solicitudes de apoyo con base en la vocación productiva. Como parte de la dictaminación, a las personas físicas se les solicitan datos tanto generales como específicos establecidos para cada uno de los *componentes* del programa, pero en su generalidad se solicitan los siguientes datos: género, edad, estratificación del productor (acorde al diagnóstico FAO/SAGARPA), domicilio en municipio indígena o no indígena y el grado de marginación de la localidad donde el apoyo será aplicado de acuerdo con el Consejo Nacional de Población (CONAPO). Para las personas morales, establece requisitos similares, sólo incluye el número de socios. De manera particular, el gobierno estatal enfatiza la incorporación de la perspectiva de género y el respeto a los derechos humanos de grupos que se encuentre en situación de vulnerabilidad propiciando las condiciones que disminuyan las brechas de desigualdad social (Secretaría de Gobernación, 2022).

1.8 Implementación

La cafeticultura en el estado de Puebla presenta una participación relevante para los mercados locales, estatal y nacional. Además de las zonas productoras de café en el estado, los municipios que se han especializado en la producción han respaldado sus actividades con los apoyos del *componente I*, del *Programa de Recuperación del Campo Poblano* en el ejercicio fiscal 2022.

La política de impulso y de apoyo a la cafeticultura han aportado al café de especialidad poblano una relevancia en diferentes mercados y a la par, han incluido la participación de la población indígena en esta actividad económica, como lo señala el subsecretario de Desarrollo Rural:

> Tenemos 3 zonas productoras de café en Puebla: la Sierra Norte, la Nororiental y la Sierra Negra son las 3 zonas en las que estamos produciendo café, 54 municipios, principalmente tienen población o presencia indígena (Hernández, 01/03/2023).
> El respaldo se focaliza a los insumos y el equipo que se requiere en el campo poblano, con la mejora en la producción de las huertas, a la adecuación de los instrumentos y maquinaria especializada para la cosecha y la transformación del café. Han sido presupuestos entre 150 y 200 millones de pesos por año en donde apoyamos con insumos para poder aplicarlos en las huertas y esto permite que haya mayor floración, mayor amarre de fruto, que sean insumos amigables con el medio ambiente que es parte de lo que se ha estado buscando. Y apoyamos con equipo para el beneficio o el almacenamiento de la cosecha de café: despulpadoras, molinos,

> zarandas, tostadores, equipo para que se vaya apoyando la cosecha y la transformación del café (Hernández, 01/03/2023).

Los beneficios en la implementación del *componente I. Recuperación de la Cafeticultura Poblana* se reflejan en los primeros años y éstos se mantienen en los resultados que esta política ha generado para la producción nacional y estatal. Así lo describe el subsecretario de Desarrollo Rural:

> Puebla ya era el estado que ocupaba el 1er. lugar en rendimiento de café cereza a nivel nacional, ya ocupábamos ese primer lugar. En superficie sembrada, tiene más superficie Chiapas, tiene más superficie Veracruz, Puebla era el 3er. lugar en superficie sembrada, pero en rendimiento el estado que tenía la mayor cantidad era Puebla. Entonces con toda esta política que se ha aplicado en los últimos 3 años y medio; pasamos en el 2019, teníamos 2.1 toneladas de rendimiento por hectárea y pasamos ya a 3.15 entonces se incrementó, eso es en promedio, hay cafetales que tienen rendimientos muchísimo más altos (Hernández, 01/03/2023).
>
> Si bien el estado de Puebla se encontraba entre los primeros productores de café, con la política, el Programa y el *componente*; se ha fortalecido más el rendimiento de las cosechas y la agregación de valor al producto final. Los eventos organizados en torno a la cultura del café son otro de los atributos que se han implementado y concretado en el estado. El concurso de calidad de taza ya tiene tres ediciones, donde se ha reconocido la participación de las mujeres en los primeros lugares se ha comprobado la calidad del café poblano y la presencia de la comunidad indígena en estos eventos.
>
> De los 3 eventos que hemos hecho de café, han sido mujeres las que han ocupado el primer lugar estos años. Este último año quien logró ganar fue una señora de la Sierra Negra, del municipio de Tlacotepec. Su café tuvo: 90.33 puntos. La calidad en café se mide en una escala de 1 a 100, obviamente 100 es el *top* pero un café después de 80 puntos, se considera un café de especialidad. Entonces, un café con 90 puntos de una señora de una comunidad indígena, además se hace una subasta para poder comercializar el café de los primeros 15 lugares que tuvimos en esa expo, la *Expo Café Orgullo Puebla* y se hace una subasta para poderles ayudar a comercializar los que obtuvieron las 15 puntuaciones más altas, en esta última edición de la Expo y para fortuna, sorpresa y angustia de muchos, la señora Marta, que es la que ganó el 1er. lugar este año con el café de la Sierra Negra, vende el kilo de café en 900 pesos.
>
> Las subastas han corroborado lo que en los registros de producción nacional se reconoce de Puebla porque enmarca el grado de

> especialización en la producción y ya en taza, registra una participación potencial en mercados internacionales donde los productores indígenas participan y que lo validan catadores y baristas estableciendo un precio competitivo: Lo determina, un barista y todo fue por puja, a ese nivel ha llegado la política de la cafeticultura en Puebla: mejorando calidades con un trabajo amigable al medio ambiente (Hernández, 01/03/2023).

La implementación de estos programas se respalda con programas de capacitación, los datos e información obtenidas en los espacios y foros de consulta también registran que la modernización e innovación en el campo, debe apoyarse con la presencia y formación de expertos en el área; sobre lo cual el subsecretario de Desarrollo Rural señala tanto actores, como programas e instituciones que son parte de esta visión integral para la cafeticultura poblana:

> Muy apoyados por la Universidad Autónoma Chapingo, donde se ha trabajado con metodologías como la estimación de cosecha que es una metodología que ha impulsado la misma Universidad y muy de la mano también trabajando con el Instituto de Calidad del Café (Cafecol) que es un Instituto de Investigación en Veracruz, que en Puebla ha sido fundamental para poder dar capacitación a los productores. Capacitación desde: manejo de la poda, aplicación de los fertilizantes, selección del café cereza, cómo hacer el manejo en el beneficio para no contaminar el producto y pueda tener mayor calidad [...] Capacitación en tostado, en manejo de cosecha, en manejo de la finca (Hernández, 01/03/2023).
>
> A nivel internacional, el estado de Puebla ha vinculado la práctica de la cafeticultura y ha contado con el respaldo técnico especializado de *la Sociedad Alemana de Cooperación Internacional*, que por su siglas en alemán, mejor reconocida como GIZ: respalda la presencia del café y valida su relevancia en múltiples ámbitos, producto de esa vinculación con GIZ, se han hecho trabajos de manejo de fincas para poder ir avanzando en el tema e ir impulsando mucho el trabajo de la cafeticultura. Esto ha permitido que hoy en día, el café poblano ya empiece a tener un cierto reconocimiento (Hernández, 01/03/2023).

Puebla es un productor de café, las actividades de los 54 municipios dedicados a la cafeticultura se encuentran en tres zonas como son la Sierra Norte, la Nororiental y la Sierra Negra con participación en comunidades indígenas o con presencia en huertas donde es uno de los cultivos más importantes. Este *componente* y en general el *Programa Recuperación del Campo Poblano* focaliza esfuerzos y concentra los resultados en los sectores que son parte de la dinámica estatal, con presencia en los ámbitos nacional e internacional.

1.9 Difusión

La difusión del *Programa Recuperación del Campo Poblano* con todos sus *componentes* se realiza cada ejercicio fiscal, una vez aprobadas las reglas de operación por parte del Congreso del Estado; la unidad responsable lo publica en la página de internet de la Secretaría de Desarrollo Rural. La convocatoria incluye los lineamientos generales indicando la documentación apropiada si es persona física o moral además de señalar los *componentes* a los que puede aplicar en la convocatoria.

Los medios impresos se colocan en las instalaciones de la Secretaría de Desarrollo Rural o en su caso, en las ventanillas autorizadas también conocidas como módulos de atención que se encuentran en las cabeceras municipales más importantes del estado. En el ejercicio 2022, se aperturaron 21 módulos que proporcionan cobertura a los municipios.

La difusión digital se realiza principalmente a través del portal oficial de la SDR, con la opción de consultar de manera abreviada los requisitos para aplicar al Programa, para el *componente* seleccionado y con la opción de descarga para las reglas de operación, los formatos (anexos) correspondientes. La difusión en ventanillas aplica también para el listado de solicitudes dictaminadas como positivas con suficiencia presupuestal, positivas sin suficiencia presupuestal y con dictamen negativo.

1.10 Toma de decisiones

Los foros de participación ciudadana que se realizaron previo a las actividades del gobierno y en particular, los temas relacionados a la Secretaría de Desarrollo Rural que establece sus líneas de acción. Así como las mesas de trabajo por sector son una muestra de cómo se involucró a los múltiples actores sociales y políticos; la toma de decisiones para el Programa y el *componente 1. Recuperación de la Cafeticultura Poblana* es de arriba hacia abajo. Eso significa que primordialmente las decisiones se toman de manera jerárquica en lo relacionado a la gestión del *componente*, así como las atribuciones que tienen otros funcionarios públicos. Es una dinámica que funciona debido a que los trámites, así como las representaciones o ventanillas cumplen una función de expertos y guías tanto en los procedimientos como en los detalles que se presenten en la ejecución del recurso público.

1.11 Evaluación

La evaluación es primordialmente *ex post* porque se lleva a cabo al final de la implementación del *componente*. En ella se involucra a la unidad responsable que en este caso es la Dirección de Agricultura que pertenece a la Subsecretaría de Producción y Productividad Primaria. Si bien cuenta con una etapa de seguimiento, evaluación y cierre que conllevan dos reportes, uno referente a la primera entrega del recurso y la elaboración final que podría clasificarse como una evaluación concomitante; no realiza ajustes sobre la marcha. La evaluación interna funciona como una forma de seguimiento a la implementación y de acompañamiento técnico si así se requiere. Ya en la parte externa, las reglas de operación consideran auditorías porque se ejercen recursos públicos y se mantienen los lineamientos para garantizar la transparencia en el ejercicio fiscal vigente.

1.12 Conclusiones

El sector primario con su importante contribución a las actividades económicas del estado y su impacto a nivel nacional, mediante el *componente I. Recuperación de la Cafeticultura Poblana*, se respaldan las zonas con una deficiente productividad y se refuerzan aquellas que presentan un dinamismo relevante para el estado.

La transformación de los cafetales, cultivos adecuados a la región, el conocimiento de las zonas ideales para el clima propicio, la compra de insumos, el cuidado de la cosecha y la comercialización de los productos del campo con líneas rectoras claras; han favorecido su desarrollo. Los beneficios de este *componente* se reflejan desde los primeros años en que opera, a partir del 2019, resultados que se mantienen por esta política de apoyo al campo, donde Puebla presenta un rendimiento en café cereza que lo coloca como líder en ese rubro a nivel nacional.

La cultura del café ha mejorado en actividades como los concursos de café en taza o las subastas donde participan activamente la población indígena y mujeres como líderes del sector. El *componente* también incluye capacitación y asistencia técnico-operativa con expertos en cafeticultura de instituciones educativas y de investigación tanto de Puebla como de otros estados. Además de la presencia de organismos internacionales que validan la mejora en el manejo de la cultura de café considerando una visión sustentable y la mejora en las condiciones de vida de la población.

Fuentes consultadas

Gobierno del Estado de Puebla (2021a). *Manual de Organización de la Secretaría de Desarrollo Rural*. Secretaría de Gobernación, Gobierno del Estado de Puebla. Orden Jurídico Poblano. https://bit.ly/42nAg42

PED (2019). *Plan Estatal de Desarrollo del Estado de Puebla 2019-2024*. Gobierno del Estado de Puebla. https://bit.ly/3lP33z1

Secretaría de Gobernación (Noviembre 30, 2022). Reglas de Operación de los Programas para el Campo Poblano. Gobierno del Estado de Puebla. *Orden Jurídico Poblano*. https://bit.ly/40unT65

Secretaría de Gobernación (Agosto 16, 2021). Reglas de Operación del Programa Recuperación del Campo Poblano. Gobierno del Estado de Puebla. *Orden Jurídico Poblano*. https://bit.ly/445ZC8n

ONU (2023). 17 Objetivos de Desarrollo Sostenible. United Nations/Naciones Unidas. https://bit.ly/2qk9f28

Fuente oral

Hernández Fernández, Óscar (2023). Doctor en Economía Agrícola por la Universidad Autónoma Chapingo. Subsecretario de Desarrollo Rural de la Secretaría de Desarrollo Rural del estado de Puebla. Entrevista en profundidad realizada el 1 de marzo de 2023 en sus oficinas.

Programa de Recuperación del Campo Poblano. Componente II.

Reconversión Productiva para Cultivos de Alto Valor Comercial implementado por la Secretaría de Desarrollo Rural en el estado de Puebla

EVELYN SOLIS LEÓN[1]
FRANCISCO JOSÉ RODRÍGUEZ ESCOBEDO[2]

1.1 Incorporación a la agenda de gobierno

En Puebla, se registra que la mayor parte de la producción agropecuaria se orienta a la promoción y venta de productos cuya dificultad ha sido el mercado. Por ello se han establecido estrategias y vinculación con metas, planes y/o programas que potencialicen la vinculación entre agro productos, los clientes/clientes potenciales y mercados locales, regionales, estatales, nacionales e internacionales.

Se reporta que en el 2018 las exportaciones aumentaron a 715 millones 913 mil dólares en comparación con el monto del 2014 que alcanzó apenas los 90 millones de dólares. Los estudios en los que se basa el gobierno estatal indican que fuera del sector de la industria alimentaria, la comercialización y la promoción de

---

1 Doctora en Desarrollo Económico y Sectorial por la Universidad Popular Autónoma del Estado de Puebla, actualmente realiza una estancia posdoctoral en el Instituto de Ciencias de Gobierno y Desarrollo Estratégico de la BUAP.

2 Doctor en Ciencias Socioeconómicas del Colegio de Postgraduados, Campus Estado de México. Director del Instituto de Ciencias de Gobierno y Desarrollo Estratégico de la BUAP. Miembro del SNI, Nivel I.

los productos provenientes del campo poblano no generan una transformación que le agregue valor comercial por lo que se reduce el potencial de diversidad y calidad productiva para el estado de Puebla (PED, 2019, p.167).

Las pequeñas empresas, incluyen en su catálogo los agro productos, los cuales ya cuentan con etiqueta, envasado y elementos previos a su comercialización, la cual podría ser más eficiente si contara con una promoción y difusión adecuadas al tipo de producto, a la región y a la vocación productiva. Los análisis que ha generado el Gobierno del estado detectan una serie de complicaciones que no permiten el crecimiento o consolidación de la comercialización

El Programa de *Recuperación del Campo Poblano,* se integra por 5 *componentes* que le estructura y guía para las actividades y la participación de múltiples actores en el sector primario que es esencial en el desarrollo estatal con énfasis en la vocación productiva de cada región (Figura 1). Este capítulo aborda lo relacionado con el *componente II. Reconversión Productiva para Cultivos de Alto Valor Comercial.*

Figura 1

Estrategia de Recuperación del Campo Poblano: componentes que lo integran (Reconversión productiva)

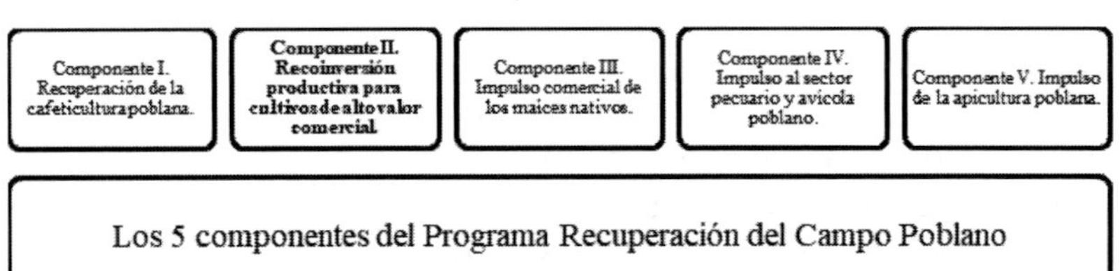

Elaboración propia, 2023. Secretaría de Gobernación, p.6.

La reconversión productiva, se define como el cambio de la actividad o el sistema que busca que las funciones de una localidad se concreten porque ese lugar presenta un potencial específico para la región. Respalda también la forma en que se utilicen de manera óptima los recursos disponibles. La reconversión se asocia con la mejora de los medios de producción y de la calidad de vida de los productores y sus comunidades porque abre espacios de revaloración económica, social, cultural y ambiental. Por lo que se espera que la reconversión productiva desarrolle las capacidades locales permitiendo así que los productores con apoyo institucional y gubernamental se apropien de tecnologías y de prácticas correspondientes a la cadena de valor y atiendan demandas específicas cubriendo mercados nuevos y potenciales (Obregón, Báez y Díaz, 2015).

El gobierno estatal, por medio de la reconversión productiva busca el cambio y/o la transformación que conduzca hacia una producción diferente a la actual, se busca la innovación y así detectar qué actividades le agregan valor. Si bien la utilización de sistemas tecnológicos representa una alta probabilidad de mejorar la eficiencia en toda la cadena, la participación de las personas en sus múltiples funciones va creciendo y agregando valor a la producción. Es por ello por lo que se considera que la reconversión se acompaña y es el resultado de cómo se fomenta la participación de los productores y el fortalecimiento de oportunidades locales.

La participación de la Secretaría de Desarrollo Rural queda enmarcada en el Plan Estatal de Desarrollo, en el Eje 2. Recuperación del Campo Poblano con su respectiva alineación al Eje 3. Economía del Plan Estatal de Desarrollo 2019-2024. Por su parte, el gobierno estatal se suma a los compromisos de la Agenda 2030 que busca erradicar la pobreza, combatir las desigualdades, promover la prosperidad y proteger el medio ambiente aplicando los 17 Objetivos de Desarrollo Sostenible (ODS).

El objetivo del Eje 2. Recuperación del Campo Poblano es: rescatar el campo poblano a través de entornos regionales favorables en la mejora de las actividades agropecuarias, acuícolas y apícolas con un enfoque de desarrollo sostenible incorporando la identidad, la perspectiva de género y la interseccionalidad (PED, 2019). Este eje, por su contenido, es el facilitador de las actividades de la Secretaría de Desarrollo Rural, en él se incluyen 4 estrategias con sus respectivas líneas de acción.

La Estrategia 1, impulsa las cadenas productivas agrícolas, pecuarias, acuícolas y apícolas para el fortalecimiento de la productividad. En *el componente II*, de las 5 líneas de acción, aporta en tres principalmente: 1. Fortalecer los sistemas productivos regionales para la seguridad alimentaria, 2. Impulsar la tecnificación y el equipamiento productivo y de manera directa al 5. Implementar mecanismos de innovación y reconversión productiva. Para la Estrategia 2, donde se fortalecen canales de comercialización que propicien la integración de las cadenas de valor estratégico, de las cinco líneas de acción, el *componente* se vincula con dos específicamente: 1. Impulsar el comercio regional, nacional e internacional de los productos del campo poblano y 3. Promover el posicionamiento de los productos del campo poblano en los diferentes mercados.

La Estrategia 3 del Eje 2. Recuperación del Campo Poblano, tiene como objetivo fortalecer la gestión de conocimiento en el desarrollo rural para el mejoramiento de las capacidades. De las cinco líneas de acción, el *componente II* abona a dos: 4. Impulsar esquemas de transferencia de conocimiento y 5. Impulsar mecanismos de innovación rural. De la Estrategia 4, que impulsa la capitalización del campo a fin de transitar hacia un desarrollo rural sostenible (PED, 2019). En la Secretaría de Desarrollo Rural que es la que encabeza las actividades del Eje 2. Recuperación del Campo Poblano indicado en el Plan Estatal de Desarrollo 2019-2024, en ella se incluyen los 4 *componentes* que son parte de la estrategia con sus respectivas líneas de acción (Figura 2).

Figura 2.

Alineación del Eje 2. Recuperación del Campo Poblano con los Objetivos de Desarrollo Sostenible

Secretaría de Desarrollo Rural	Eje 2. Recuperación del Campo Poblano	
	Estrategia 1	Hambre cero (2).
		Producción y consumo responsables (12).
		Trabajo decente y crecimiento económico (8).
		Industria, innovación e infraestructura (9).
		Vida de ecosistemas terrestres (15).
	Estrategia 2	Hambre cero (2).
		Trabajo decente y crecimiento económico (8).
		Industria, innovación e infraestructura (9).
		Ciudades y comunidades sostenibles (11).
		Producción y consumo responsables (12).
	Estrategia 3	Educación de calidad (4).
		Trabajo decente y crecimiento económico (8).
		Industria, innovación e infraestructura (9).
		Reducción de las desigualdades (10).
		Producción y consumo responsables (12).
	Estrategia 4	Educación de calidad (4).
		Igualdad de género (5).
		Trabajo decente y crecimiento económico (8).
		Reducción de las desigualdades (10).
		Producción y consumo responsables (12).

Elaboración propia, 2023. Adaptado de PED, 2019, pp.94-97. UN, 2023.

La vinculación con la Agenda 2030, además de ser una guía a nivel internacional, también abona a los compromisos nacionales y a la incorporación de metas e indicadores que son de apoyo en la gestión estatal en temas concretos como los estipulados en el Eje 2 y el alcance de la Secretaría de Desarrollo Rural que emplea el conocimiento de factores endógenos y exógenos que le permite un nuevo diseño, implementación, seguimiento y evaluación de programas orientados a elevar el nivel y la calidad de vida de la población rural.

1.2 Gestación

En los diagnósticos estatales, se detectó como uno de los problemas recurrentes para el productor poblano la escasa o nula vinculación que tienen con los mercados locales, regionales, estatales, nacionales o en su caso internacionales. Esto se debe a diversos factores, uno de ellos es la insuficiente infraestructura para el empaque y/o la distribución de productos agrícolas; con estos datos se engloban asuntos y problemáticas que originalmente se atienden con dos programas principalmente y que en la práctica asisten a la población con beneficio en la producción local. El subsecretario de Desarrollo Rural comenta sobre la relevancia de estos diagnósticos y cómo se formalizan los resultados para un plan estatal.

> Hicimos el diagnóstico, es un diagnóstico participativo, se desarrollaron algunas actividades con los asistentes, se trajo la información, se empezó a capturar, se analizó esa información, se generaron análisis y finalmente se pudo aterrizar en 2 programas esencialmente, se pensó esa parte. Uno, era el Programa de Recuperación del Campo Poblano y el otro era el Programa de Desarrollo Rural, Productividad de los Pequeños Productores (Hernández, 01/03/2023).

Estos dos programas son resultado de la recopilación de información y la participación de instituciones de educación superior, de investigaciones de dependencias estatales y federales, así como de la presencia de representación local y los ciudadanos. La frecuencia con la que se reporta es lo relevante para la población y ésta se engloba en los siguientes rubros: Desarrollo Rural, Productividad de los Productores, Medio Ambiente y Cambio Climático, así como la Modernización y Tecnificación del Campo (Gobierno de Puebla, 2019, p.83).

Si bien, el estado cuenta con infraestructura de agricultura protegida, ésta requiere de rehabilitación, equipamiento y/o modernización ya sea para la reactivación o incremento de su productividad. Los retos a los que se ha enfrentado el gobierno estatal, en particular con la tecnificación del campo es con que los sistemas productivos sostenibles y eficientes puedan adaptarse a las necesidades, usos y costumbres de los productores poblanos. Además de las tipologías de los diferentes productos seleccionados que requieren mejoramiento genético, nutrición adecuada y sostenible que favorezca la eficiencia del recurso hídrico, así como la protección de los cultivos y especies ante el cambio climático. Por otra parte, se encuentra la gestión del conocimiento, la facilitación del trabajo y el financiamiento privilegiando el acceso a las cadenas productivas encabezadas por mujeres y grupos vulnerables (Gobierno de Puebla, 2019).

Es por ello que las acciones del *componente II. Reconversión Productiva para Cultivos de Alto Valor* Comercial para el estado, establecen mecanismos de apoyo que incentiven y faciliten el acceso a las cadenas de valor, promuevan la identidad y el consumo locales para que se posicionen los productos y tomando lo mejor de la ubicación geográfica para la atención de mercados locales, estatales y a nivel nacional e internacional.

1.3 Objetivo

El objetivo general del Programa es consolidar la recuperación del campo poblano concentrando los apoyos hacia el fortalecimiento de las actividades que son consideradas como una parte esencial en el desarrollo estatal enfatizando la visión sostenible de los recursos naturales, así como las vocaciones productivas de cada región (Secretaría de Gobernación, 2022).

1.3.1 Objetivo del componente

El *componente II. Reconversión Productiva para Cultivos de Alto Valor Comercial* tiene como objetivo específico continuar con el fomento de la reconversión productiva a cultivos seleccionados por su valor comercial utilizando sistemas tecnológicos eficientes de la cadena de valor. Para que de esta forma se mejoren los ingresos de las y los productores del estado de Puebla (Secretaría de Gobernación, 2022).

La cobertura que prevé el *componente II* incluye a los municipios del estado de Puebla que tengan la vocación para los cultivos seleccionados. De manera anualizada, en las reglas de operación del *Programa para la Recuperación del Campo Poblano*, se indican cuáles municipios se consideran prioritarios para ese ejercicio fiscal con la finalidad de que los solicitantes tengan la oportunidad de presentar su solicitud y que cumplan con los requisitos establecidos por el gobierno. Los que sean elegibles de recibir el apoyo, además presentar y validar los criterios generales para formalizar su petición a través de la Cédula de Proyecto.

1.4 Recursos

La Secretaría de Desarrollo Rural, tiene asignado presupuesto para los programas para la atención del campo poblano, los cuales se van distribuyendo por tipo de *componente* y apoyo señalado tanto en las reglas de operación del Programa como en la convocatoria que emite la Secretaría. Para el *componente II. Reconversión Productiva para Cultivos de Alto Valor Comercial*, los montos son por beneficiario y su clasificación depende de la especialización o del elemento particular que se requiera.

En las reglas de operación correspondientes al ejercicio fiscal 2021, se especifica que para los materiales y equipos para reservorio de agua el monto máximo que se otorga es de hasta $240,000 por beneficiario y hasta $100,000 para sistemas de riego. En cuanto al equipamiento para la obtención de la certificación sanitaria, se otorgan hasta $63,000 pesos para cerca perimetral, estaciones sanitarias y jaulas para disposición de envases; por beneficiario. Para los materiales y módulos que se requieren en la producción de agricultura protegida, se contempla hasta $240,000 pesos específicamente para módulos de producción nuevos o en su caso, para la rehabilitación de sistemas que estén destinados a este tipo de agricultura protegida (por beneficiario). Si la petición aplica para postes de soporte en cultivos de un área de 1 hectárea, hasta $40,000 pesos por beneficiario.

Para los materiales, equipos y/o módulos asignados específicamente para la agregación de valor de los productos, se considera hasta $240,000 pesos en equipamiento de postproducción o postcosecha mediante la instalación de modulares nuevos o que requieran rehabilitación (Secretaría de Gobernación, 2021, p.17).

1.5 Apoyos

Los apoyos del *componente II. Reconversión Productiva para Cultivo de Alto Valor Comercial*; incluyen: material vegetativo y para el establecimiento de viveros, materiales y equipos para reservorios de agua y sistemas de riego, equipamiento para el manejo de plantaciones y la certificación sanitaria. Así como materiales y módulos de agregación de valor. El tipo de apoyo y una breve descripción se concentran en la Tabla 1.

Tabla 1.

Tipo de apoyo correspondientes al componente II: Reconversión productiva

#	Tipo de apoyo	Descripción
	Materiales e insumos para el establecimiento de viveros.	• Un paquete de material vegetativo para renovación o nuevas plantaciones por beneficiario (a). • Un paquete de materiales e insumos para viveros de plantas de los cultivos seleccionados por beneficiario (a).

	Materiales y equipo para reservorios de agua y sistemas de riego.	• Un reservorio de agua por beneficiario (a). • Un sistema de riego por beneficiario (a). • Un kit de materiales y consumibles para riego, cubiertas plásticas para el suelo por beneficiario (a). • Un módulo fotovoltaico por beneficiario (a).
	Equipamiento para el manejo de plantaciones y la certificación sanitaria.	• Un kit para el manejo agronómico (poda, sanidad, entre otros) de plantaciones por beneficiario (a). • Un kit que consta de cerco perimetral, estación sanitaria diferenciada y jaula para disposición de envases por beneficiario (a).
	Materiales y módulos para la producción en agricultura protegida o soporte de cultivos.	• Módulos de producción nuevos o de rehabilitación en agricultura protegida por beneficiario (a). • Un paquete de postes de soporte de cultivos por beneficiario (a).
	Equipos y módulos de agregación de valor.	• Equipamiento de un módulo por beneficiario (a).

Elaboración propia, 2023. Adaptado de Secretaría de Gobernación, 2022d, pp.23-24.

En la integración del proyecto, se estipulan una serie de requisitos generales y el formato de registro solicita objetivos, metas, el tipo de impacto que éste genera, los recursos con los que cuentan y si la creación de empleos será familiar, de los socios (si aplica) o contratada. Además, se les pregunta sobre los procesos de transformación o agregación de valor de los productos agroalimentarios: insumo por utilizar, proceso por realizar o producto por obtener (Secretaría de Gobernación, 2022). De esta forma, se le vincula con el tipo de asesoría técnica que dispone detectando así las formas en que se respalden las actividades señaladas y la aplicación de los recursos públicos provenientes del Programa.

A manera de primer acercamiento a las opciones de reconversión productiva de los cultivos de alto valor comercial, los solicitantes indican cómo impacta el proyecto: en la producción de planta o propagación, la producción primaria, la cosecha, la transformación, el envasado y/o etiquetado, la comercialización o las actividades no agropecuarias. Esto permite que los expertos en el tema que se encuentran en la administración pública identifiquen las acciones previas o el impacto potencial que tiene en la generación, apoyo o promoción del alto valor comercial para los productos estatales en lo que ya hacen o en lo que deberían enfocarse en este proyecto. Se les pide que describan los productos a comercializar y las acciones de promoción que han implementado o si aún no lo hacen.

Las personas físicas o morales que presenten solicitud de apoyo sólo podrán elegir un concepto dentro del ejercicio fiscal vigente, las particularidades de la petición se concentran en la Cédula del Proyecto disponibles bajo el marco del *componente II*.

1.6 Estructura jerárquica

El Gobierno del estado de Puebla, en la forma que opera designa determinados temas de la agenda pública a las secretarías de estado. Para los temas del campo poblano, la Secretaría de Desarrollo Rural respalda su accionar con dos subsecretarías: la Subsecretaría de Producción y Productividad Primaria y la Subsecretaría de Desarrollo Rural. En ellas, se van focalizando en los temas que un grupo de expertos clasificó considerando los resultados de los foros de participación ciudadana. La primera Subsecretaría integra la actuación de 4 direcciones: la Dirección de Agricultura, la Dirección Pecuaria, la Dirección de Manejo de Suelo y Agua y la Dirección de Sanidad e Inocuidad Pecuaria. Mientras que la otra Subsecretaría se compone de 5 direcciones: la Dirección General de Servicios y Apoyos Técnicos, la Dirección de Desarrollo de Capacidades y Aseguramiento, la Dirección de Financiamiento a los Agronegocios, la Dirección de Vinculación a los Mercados y la Dirección de Desarrollo Rural y Participación. En la parte operativa, la Secretaría cuenta con una Dirección General de Innovación y Competitividad con 5 direcciones (Figura 3).

Figura 3.

Estructura orgánica simplificada de la Secretaría de Desarrollo Rural

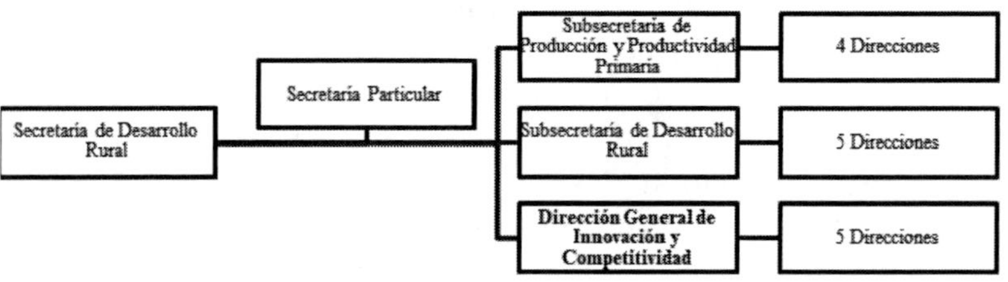

Elaboración propia, 2023. Adaptado del Gobierno del estado de Puebla, 2021a, pp.13-14.

En la forma en que opera la Secretaría de Desarrollo Rural y siendo cabeza del Eje 2 del Plan Estatal de Desarrollo; mediante su estructura orgánica gestiona tanto los acciones que son destinadas al campo como lo necesario para la operación institucional. Para ello, dentro de las actividades de la Dirección General de Innovación está el *componente II. Reconversión Productiva para Cultivos de Alto Valor Comercial*, dato que señala el subsecretario de Desarrollo Rural, el doctor Óscar Hernández Fernández.

1.7 Funcionamiento

La mecánica operativa del Programa *Recuperación del Campo Poblano* incluye 4 etapas: Recepción y Registro de Solicitudes, Dictamen de Solicitudes y Autorización de Apoyos, Entrega del Apoyo, Seguimiento, Evaluación y Cierre (Figura 4), en cada una de ellas, se establecen responsables, documentación, sitios oficiales, oficinas, formatos e información vinculada con los atributos específicos de los *componentes*.

Figura 4.

Operación de la Estrategia y el componente II. Reconversión Productiva: las cuatro etapas

Elaboración propia, 2023. Adaptado del Gobierno del estado de Puebla, 2021a, pp.13-14.

La etapa de Recepción y Registro de Solicitudes, se inicia desde el momento en que se publican las reglas de operación del Programa y que incluye el *componente II. Reconversión Productiva para Cultivos de Alto Valor Comercial.* Ya sea que la difusión sea digital, en ventanilla o en los módulos de atención. Con esto se activan las unidades que brindan respaldo en el proceso: unidad responsable, instancia ejecutora, agentes en ventanilla o módulo. Son quienes atienden al ciudadano interesado (solicitante) será una persona física o moral quien inicie formalmente con la solicitud.

La etapa de Dictamen de Solicitudes y Autorización de Apoyos es la que incluye el trabajo interno entre los diferentes actores públicos que se integran en la dinámica y la participación específica de la Comisión Dictaminadora, órgano colegiado que autoriza las solicitudes de apoyo dentro del marco legal y normativo que brindan las reglas de operación. La dictaminación de las solicitudes de apoyo para el *componente II.* consiste en la revisión y en su caso, la elegibilidad de las personas que presenten la solicitud/proyecto siguiendo los criterios establecidos por las reglas de operación del Programa. En esa dinámica, incluyen: la ubicación del predio o unidad productiva en municipios que cumplan con las características, la pertinencia técnica (requerimientos específicos mínimos) así como aspectos sociales, económicos, ambientales y/o técnicos que garanticen la viabilidad del apoyo solicitado (Secretaría de Gobernación, 2022d).

Para la etapa de Entrega del Apoyo, se determina y notifica a las y los beneficiarios los lugares y fechas para la entrega del apoyo para que posteriormente sean responsables de la logística y el manejo de materiales, equipos o módulos para la reconversión productiva. En esta fase, las y los beneficiarios reciben y verifican los apoyos entregados con un Acta Entrega-Recepción y se coordina con los representantes de la Secretaría para su llenado, verificación y posterior firma. La etapa de Seguimiento, Evaluación y Cierre; la instancia ejecutora recibe estas actas para resguardo mientras la unidad responsable brinda el seguimiento a la operación del *componente II. Reconversión Productiva para Cultivos de Alto Valor Comercial.* La instancia ejecutora da seguimiento hasta la conclusión de las actividades, integra la documentación que valida todo el proceso e incluye el listado de los beneficiarios. Elabora el informe final y coadyuva al cierre finiquito del *componente* (Secretaría de Gobernación, 2022d).

1.8 Implementación

El *componente II. Reconversión Productiva para los Cultivos de Alto Valor Comercial*, con la aplicación de sistemas específicos por vocación productiva, centraliza sus estrategias y líneas de soporte a los insumos, la capacitación mediante la presencia de escuelas de campo y los equipos para reservorios de agua y sistemas de riego. Sobre este *componente*, el subsecretario de Desarrollo Rural señala la dinámica:

> El segundo *componente*, es también del mismo Programa *Recuperación del Campo Poblano*, es el de *Reconversión Productiva para Cultivos de Alto Valor Comercial*. En este Programa, traemos esencialmente el apoyo para poder hacer productivas, diferentes zonas del estado, por ejemplo, con Reconversión Productiva, estamos impulsando o apoyando equipos y módulos de agregación de valor como empaques o un nodo para producción de piloncillo (Hernández, 01/03/2023).

En los apoyos de este *componente*, el manejo del material vegetativo busca que el rendimiento se incremente como una manera de aumentar el valor de los cultivos, con énfasis en conocer las zonas del estado:

> En relación con el material vegetativo, porque apoyamos la entrega de material vegetativo, es con la intención de que podamos meter a diferentes zonas, variedades que sean más eficientes, variedades de primera generación, que vayan saliendo, que estén probadas que tienen mejor rendimiento que pueden ser más resistentes a plagas y enfermedades que se puedan adaptar a las condiciones que tiene cada una de las zonas (Hernández, 01/03/2023).

La Secretaría de Desarrollo Rural, para la reconversión productiva ha diseñado e implementado una estrategia de acompañamiento, si bien es parte de un proceso de capacitación, el establecimiento de las escuelas de campo respalda la identificación de los mecanismos, herramientas y técnicas adecuadas por zona para formar a los campesinos, productores y demás equipo de soporte a las actividades de conversión; en la agregación de valor:

> Una de las estrategias que se ha impulsado aquí en la Secretaría es el establecimiento de escuelas de campo. Existen más de 120 escuelas de campo a lo largo del estado en donde congregamos a productores y se les va capacitando de acuerdo con el cultivo o cadena que puede ser el eje o el polo para desarrollar la zona. Entonces esos polos productivos se basan en 1 o 2 cultivos que tienen un potencial productivo y a través del Programa de Reconversión los vamos fortaleciendo. Tal es así que entregamos planta de canela, vainilla, pimienta, aguacate, higo, nuez; para poder ir fortaleciendo cada uno de esos polos de desarrollo en los que estamos involucrados (Hernández, /01/03/2023).

La modernización, productividad y competitividad en los procesos del campo, se incorporan en la dinámica de este *componente* donde, con apoyo de técnicos de la Secretaría, las actividades y orientación de las escuelas de campo, se facilita la aplicación de geotextil o en su caso de geomembrana. A la par, se capacita en el manejo de los reservorios de agua o en su caso, de los sistemas de riego dependiendo de la zona y los productos:

> Mantener los equipos para los reservorios de agua y sistemas de riego; también vienen de los programas de *Reconversión Productiva*. Apoyamos con: geotextil, con geomembrana, con sistemas de

> riego de aspersión, micro aspersión, o riego por goteo. Sistemas de bombeo con paneles solares para que dependiendo de la zona podamos aprovechar, podamos cosechar, podamos aprovechar el agua que se tiene que es un recurso escaso que es necesario para poder aumentar la producción (Hernández, 01/03/2023). Estos apoyos que la Secretaría gestiona se hacen al 100%.

Otra de las estrategias para el campo en lo relacionado con la reconversión productiva se encuentra en los materiales y módulos para la producción agrícola. El impulso a los cultivos representa un potencial que ubica al estado de Puebla como un referente en el sector agrícola. El gobierno mediante los programas que respalda la Secretaría de Desarrollo Rural potencializa y en su caso, hace viable la producción, la ganancia económica con el conocimiento y respaldo técnico que se requiere. Entre los apoyos que se brindan son:

> Los materiales y módulos para la producción de agricultura protegida son: macrotúneles e invernaderos, mallas sombra, mallas antigranizo, plástico para cubierta de invernadero hasta por 2,500 metros y postes de concreto para pitaya y pitahaya; es uno de los cultivos que más hemos estado impulsando en lo que va de la administración porque es un cultivo que tiene un potencial enorme para la producción por el tipo de suelo y de climas que tenemos en la Mixteca y que además es un producto que tiene muchísima aceptación en el mercado. Puede ser un cultivo que si lo potencializamos puede convertirse en una opción productiva, económicamente viable y técnicamente factible para los productores en esa zona. Estamos identificando cuáles son las alternativas que podemos impulsar de acuerdo con cada una de las regiones (Hernández, 01/03/2023).

1.9 Difusión

La difusión del *componente II. Reconversión Productiva para Cultivos de Alto Valor Comercial*, se vincula con la dinámica aplicable para el Programa *Recuperación del Campo Poblano*, en el ejercicio fiscal vigente. La primera parte se inicia al momento de que se publican las reglas de operación en el Periódico Oficial del Estado de

Puebla; esto valida que ha sido aprobado para su divulgación en los medios oficiales e institucionales. La Secretaría de Desarrollo Rural, dependencia responsable de la operación general del Programa incluyendo sus *componentes*, utiliza su portal institucional para publicar la convocatoria.

Para los interesados, personas físicas o morales que se encuentren en municipios donde no es posible la consulta digital o porque resulta más práctico revisar los lineamientos, así como la categoría de apoyos para el campo poblano; tienen a su disposición 21 ventanillas o módulos de atención. La convocatoria incluye los datos e información que los solicitantes deben presentar, aunado a los requisitos específicos para el *componente* que se establecen en los anexos correspondientes como cédula del proyecto para personas físicas o morales. Lo que permite que la difusión sea acorde a las características de la comunidad, así como la facilidad que se les otorga de recibir asistencia en la requisición de sus solicitudes. La difusión en ventanillas aplica también para el listado de solicitudes dictaminadas como positivas con suficiencia presupuestal, positivas sin suficiencia presupuestal y con dictamen negativo.

1.10 Toma de decisiones

En las actividades del gobierno y la forma en que se respalda el *componente II. Reconversión Productiva para Cultivos de Alto Valor Comercial*; la toma de decisiones es jerárquica e institucional. Esto significa que si bien, se registran necesidades y problemáticas del sector mediante los foros ciudadanos, eso respalda el diseño del Programa, línea de acción y *componente*; más no las decisiones operativas, administrativas, gubernamentales que se requieren. Los roles están especificados, así como la autoridad o responsable de la ejecución del *componente* o los casos en los que se decida sobre la dictaminación de las solicitudes o casos especiales previstos en las reglas de operación. Las funciones de la unidad responsable, la instancia ejecutora, la delegación regional, los representantes de los módulos de atención y la comisión dictaminadora enfatizan que la dinámica es jerárquica. Las decisiones son primordialmente institucionales, por departamento o unidad que puede designar las atribuciones de representantes de la secretaría.

1.11 Evaluación

Los programas que gestiona la Secretaría de Desarrollo Rural consideran en su mecánica operativa, la etapa de seguimiento, evaluación y cierre. En cuanto al seguimiento, mientras se realiza la implementación del Programa y su *componente*, verifica que la operación sea adecuada y cumpla con lo estipulado en las reglas de operación. A través de la instancia ejecutora, se proporciona el seguimiento hasta la conclusión formal de las actividades de reconversión productiva para los cultivos que se designen, requieren de agregación de valor. Si bien estas acciones validan la interacción entre la dependencia y sus unidades especializadas con los beneficiarios, la evaluación del *componente* es posterior a su finalización. Lo que se valida con la entrega de un informe con el que se concluye, se documenta y se valida la aplicación del recurso con sus respectivos apoyos.

1.12 Conclusiones

El *componente II. Reconversión Productiva para los Cultivos de Alto Valor Comercial*, se focaliza para las diferentes regiones del estado de Puebla porque la reconversión se logra con equipos y módulos acondicionados para generar valor en empaques, por ejemplo, o en nodos de producción. La mejora del rendimiento, que las plantaciones sean más resistentes a plagas y enfermedades, detectar en qué zonas y qué variedad son más eficientes; son algunas de las acciones que se han gestado con este apoyo. Aunado a eso la capacitación es un diferenciador porque las escuelas de campo van capacitando dependiendo del cultivo y su cadena de valor, no son acciones o esfuerzos aislados sino integrales para los productores locales y las buenas prácticas que se extienden por todo el estado. En aquellas áreas donde exista carencia o acceso limitado, por ejemplo, en los reservorios de agua y sistemas de riego se integran en la mecánica del *componente*. Se ha comprobado que las innovaciones, la tecnificación del campo o la modernización requiere de inversiones sustanciales y a la par, de las adecuaciones que con una asesoría experta también se atiende como parte de una visión integral de la recuperación del campo poblano y de las actividades que generan valor en la producción y en la calidad de vida de los ciudadanos.

Fuentes consultadas

Gobierno del Estado de Puebla (2021a). *Manual de Organización de la Secretaría de Desarrollo Rural.* Secretaría de Gobernación, Gobierno del Estado de Puebla. Orden Jurídico Poblano. https://bit.ly/42nAg42

Gobierno de Puebla (2019). *Programa Sectorial: Desarrollo Rural 2019-2024. Instrumentos Derivados del Plan Estatal de Desarrollo 2019-2024.* Gobierno de Puebla. https://bit.ly/3NKyVAq

Obregón, R., Báez, J.R. y Díaz, D.A. (2015). Reconversión Productiva. En J. Carabias, J. de la Maza y R. Cadena. *Conservación y desarrollo sustentable en la Selva Lacandona: 25 años de actividades y experiencias* pp.395-407. Natura y Ecosistemas Mexicanos, A.C. https://shorturl.at/hCHU3

PED (2019). *Plan Estatal de Desarrollo del Estado de Puebla 2019-2024.* Gobierno del Estado de Puebla. https://bit.ly/3lP33z1

Secretaría de Gobernación (Noviembre 30, 2022). Reglas de Operación de los Programas para el Campo Poblano. Gobierno del Estado de Puebla. *Orden Jurídico Poblano.* https://bit.ly/40unT65

Secretaría de Gobernación (Agosto 16, 2021). Reglas de Operación del Programa Recuperación del Campo Poblano. Gobierno del Estado de Puebla. *Orden Jurídico Poblano.* https://bit.ly/445ZC8n

Fuente oral

Hernández Fernández, Óscar (2023). Doctor en Economía Agrícola por la Universidad Autónoma Chapingo. Subsecretario de Desarrollo Rural de la Secretaría de Desarrollo Rural del estado de Puebla. Entrevista en profundidad realizada el 1 de marzo de 2023 en sus oficinas.

Programa de Recuperación del Campo Poblano. Componente III.

Impulso Comercial de los Maíces Nativos implementado por la Secretaría de Desarrollo Rural en el estado de Puebla

EVELYN SOLIS LEÓN[1]
FRANCISCO JOSÉ RODRÍGUEZ ESCOBEDO[2]

1.1 Incorporación a la agenda de gobierno

En la entidad poblana, se detectan municipios que reflejan cierto rezago productivo y esto hace más evidente y necesario el emprender acciones apoyadas en la participación de la ciudadanía, instancias de gobierno y otros actores quienes emplean transformaciones innovadoras para la recuperación del campo poblano y así incrementar el bienestar social. El estado de Puebla cuenta con todos los microclimas y esto le permite una mayor diversidad de cadenas productivas en sus regiones, se produce maíz amarillo, maíz azul y maíz blanco entre otros granos y leguminosas. A nivel nacional, el estado de Puebla genera 168 de los 385 que se producen en el país en tan sólo el 1.8% del territorio nacional (PED, 2019, p.162), esta diversidad productiva con un plan y estrategias

---

1 Doctora en Desarrollo Económico y Sectorial por la Universidad Popular Autónoma del Estado de Puebla. Actualmente realiza una Estancia Posdoctoral en el Instituto de Ciencias de Gobierno y Desarrollo Estratégico de la BUAP.

2 Doctor en Ciencias Socioeconómicas por el Instituto de Socioeconomía, Estadística e Informática del Colegio de Postgraduados, Campus Estado de México. Director del Instituto de Ciencias de Gobierno y Desarrollo Estratégico de la BUAP. Miembro del SNI, Nivel I.

adecuadas para la recuperación del campo poblano son una oportunidad importante para el desarrollo estatal.

La Secretaría de Desarrollo Rural (SDR), en la configuración de su estrategia para la administración 2019-2024 se apoya de la información recabada y procesada en foros regionales de participación ciudadana, incorporando organizaciones de la sociedad civil, la iniciativa privada, los sectores social y académico, los pueblos indígenas y en general participantes que indicaron sus necesidades, demandas y prioridades. Este ejercicio le da sustento a la ruta de acción gubernamental e institucional. Este ejercicio registra los siguientes datos:

- 22 foros regionales.
- 165 municipios con participación activa.
- 1,506 asistentes.

Además de la ciudadanía, también participan técnicos extensionistas, instituciones de educación e investigación. A nivel gubernamental, dependencias municipales, estatales y federales, directores de desarrollo municipal, presidentes municipales y funcionarios públicos dispuestos a colaborar en los foros. Esto genera una selección de siete temas, dentro de los cuales se destacan: el desarrollo rural y productividad de las y los productores, la modernización y tecnificación del campo e impulso a la comercialización agropecuaria que son pertinentes al Programa y *componente* que se analizan en este capítulo.

La frecuencia de mención reportada por los asistentes, de acuerdo con el registro de la SDR versa en los siguientes aspectos: Desarrollo Rural y Productividad (49%), Medio Ambiente y Cambio Climático (36%) y Modernización y Tecnificación del Campo (32%) con esta guía se apoyan las siguientes decisiones y acciones en materia de desarrollo rural (Gobierno del Puebla, 2019). Estos temas se integran en los programas que la Secretaría ha desarrollado, siendo uno de ellos el Programa de *Recuperación del Campo Poblano* que está integrado por 5 *componentes* (Figura 1) que permiten una línea concreta hacia la atención de las necesidades de la ciudadanía poblana con énfasis en las actividades como la cafeticultura, cultivos de alto valor comercial, maíces nativos, sectores pecuario, avícola y apícola. En este capítulo, se aborda el *componente III. Impulso Comercial de los Maíces Nativos.*

Figura 1.

Listado de los Componentes que son parte de la Estrategia de Recuperación del Campo Poblano

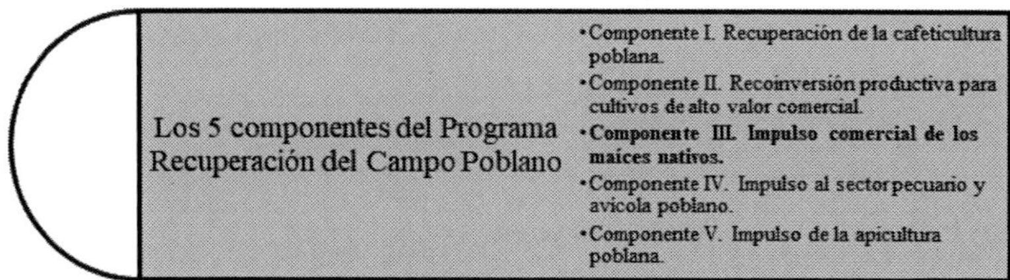

Elaboración propia, 2023. Secretaría de Gobernación, p.6.

El Plan Estatal de Desarrollo, dentro de los ejes de gobierno, el que corresponde a las actividades de la Secretaría de Desarrollo Rural (SDR) es el Eje 2. Recuperación del Campo Poblano. En la dinámica del eje, se fortalecen las actividades y la participación del sector primario, que se considera una parte fundamental del desarrollo estatal impulsando las economías locales. Además, integra la visión sostenible acorde a las vocaciones productivas de cada región. En este caso, para el *componente III*, en los municipios con vocación en maíces nativos. La alineación correspondiente al Plan Nacional de Desarrollo 2019-2024 es con el Eje 3. Economía. Esto se refiere a que las acciones, los planes, proyectos y programas que se ejecuten desde la SDR abonan a la atención de las necesidades que apremian a la población en dicho sector (Tabla 1).

Tabla 1.

Alineación entre los ejes del Plan Estatal de Desarrollo y el Plan Nacional de Desarrollo

Eje estatal	Alineación al Plan de Desarrollo Estatal	Secretarías de Estado vinculadas con el Eje
Eje 1. Seguridad Pública, Justicia y Estado de Derecho.	Eje 1. Política y Gobierno	▪ Secretaría de Gobernación ▪ Fiscalía General del Estado ▪ Secretaría de Seguridad Pública.
Eje 2. Recuperación del Campo Poblano.	Eje 3. Economía	▪ Secretaría de Desarrollo Rural.
Eje 3. Desarrollo Económico para Todas y Todos.	Eje 3. Economía	▪ Secretaría de Economía. ▪ Secretaría de Trabajo. ▪ Secretaría de Turismo.
Eje 4. Disminución de las desigualdades.	Eje 2 Política Social	▪ Secretaría de Salud. ▪ Secretaría de Bienestar. ▪ Secretaría de Educación. ▪ Secretaría de Cultura.

Elaboración propia, 2023, adaptada del PED, 2019, p. 79.

El Eje 2, se apoya de cinco estrategias con sus respectivas líneas de acción, de las cuales, dos se vinculan con el *componente III. Impulso Comercial de los Maíces Nativos*: Estrategia 1. Impulsar las cadenas productivas agrícolas, pecuarias, acuícolas y apícolas para fortalecer la productividad y Estrategia 2. Fortalecer canales de comercialización que propicie la integración de cadenas de valor estratégico (PED, 2019).

Por su parte, a nivel internacional y como aportación al logro de los Objetivos de Desarrollo Sostenible (ODS) de la Agenda 2030, las estrategias y líneas de acción del PED tienen vinculación con los ODS. Para el *componente III. Impulso Comercial de los Maíces Nativos* son: Hambre cero (2), Trabajo decente y crecimiento económico (8), Industria, innovación e infraestructura (9), Ciudades y comunidades sostenibles (11), Producción y consumo responsables (12) y Vida de ecosistemas terrestres (15).

1.2 Gestación

De los productos agrícolas, Puebla aporta 145 de las 312 que tiene el país. Para la actividad agrícola, la superficie sembrada durante los ciclos primavera-verano es del 74.6% mientras que el ciclo otoño-invierno es del 5.7%. En el caso de los cultivos perennes, representa el 19.7%. La agricultura estatal se desarrolla principalmente (99%) a cielo abierto y menos del 1% es agricultura protegida, esto significa que los productores controlan algunas de los factores del medio ambiente minimizando así los impactos adversos que se ocasionan en los cultivos. El Servicio de Información Agroalimentaria presenta los siguientes datos: el 82.6% de la producción se desarrolla bajo condiciones de temporal y el 17.4% bajo riego (PED, 2019, p.163).

En la zona centro del estado se destaca la siembra de maíz y frijol, donde predomina el clima templado que es propio de los valles. En cuanto a la producción de maíz, ésta se desarrolla en una superficie territorial mínima, en predios de temporal con riesgos de contingencias climáticas (sequías, heladas y granizadas). Por ello se considera la inversión del productor pequeña comprando sólo fertilizantes y semillas mejoradas, invierte en asesoría técnica y control de maleza. Esto tiene como consecuencia rendimientos y utilidad baja (PED, 2019).

Dentro de los retos a los que se enfrenta la producción de maíz y frijol es a la disminución de la productividad, así como a la sustitución de cultivos considerados tradicionales, esto se debe a que se eligen aquellos con mayor rentabilidad o resiliencia climatológica. Por otra parte, la migración urbana es otro de los elementos que ha impactado la producción agrícola, los cambios demográficos porque eso modifica quién atiende al campo, a nivel estatal, son los abuelos, los nietos y las mujeres en quienes recae la responsabilidad del sector (PED, 2019).

Los maíces nativos pertenecen a la raza de la categoría taxonómica *ZEA mays* de los pueblos indígenas que las y los campesinos y las y los agricultores cultivan a partir de semillas seleccionadas por sí mismos, también las obtienen cuando realizan intercambios, por la misma evolución del grano y por su diversificación constante (Secretaría de Gobernación, 2021). El gobierno estatal, apoyado de los resultados de estudios y trabajos de campo previo a la integración del PED 2019-2024, detectan que el valor de la producción de los cultivos agropecuarios que son los de mayor base social, no reflejan el incremento del valor como es el caso del maíz grano (PED, 2019).

El Colegio de Postgraduados, Campus Puebla, mediante los trabajos del Grupo de Recursos Fitogenéticos, explican que una población nativa es un conjunto de semillas que, de manera recurrente, son sembradas por un agricultor durante periodos prolongados de tiempo. Otra de las características es que se producen en un ambiente local y es el resultado de un proceso de selección empírica que han logrado los agricultores de cada zona porque han hecho las adecuaciones considerando su entorno productivo, las condiciones naturales (ambientales) así como sus necesidades de consumo (Gobierno de Puebla, 2019).

Desde el punto de vista del productor, una población nativa se refiere a cada uno de los tipos de semilla que siembra, la forma en que la diferencia es por el color del grano o algún atributo que detecte y es quien le asigna algún nombre para su identificación. En el estado de Puebla se registran 29 municipios productores de maíces nativos, cuya categorización se basa principalmente en el color (Figura 2).

Figura 2.

Variedades del maíz nativo en el estado de Puebla

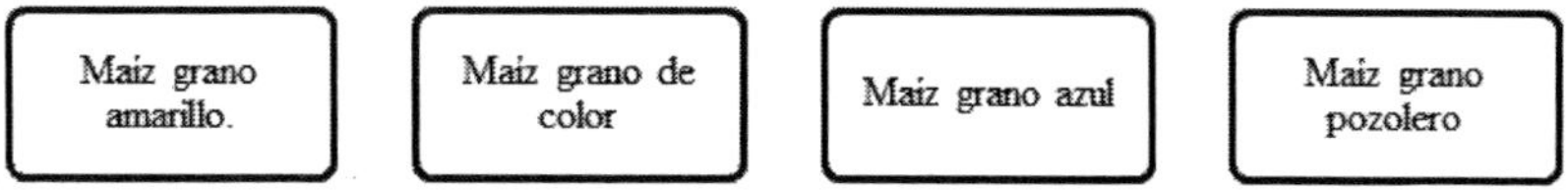

Maíz grano amarillo.	Maíz grano de color	Maíz grano azul	Maíz grano pozolero

Elaboración propia, 2023. Adaptado de Gobierno de Puebla, 2019, p.99.

El Sistema de información Agroalimentaria y Pesquera, con datos del 2018, identifica las regiones donde se genera la mayor producción de maíces nativos: Chignahuapan, Quimixtlán, Zacatlán, Ciudad Serdán, Libres, Tepeaca, Área Metropolitana de la Ciudad y Acatzingo (Gobierno de Puebla, 2019, p.100).

1.3 Objetivo

A nivel general, la Estrategia tiene como objetivo consolidar la recuperación del campo poblano concentrando los apoyos hacia el fortalecimiento de las actividades agrícolas, pecuarias, apícolas y acuícolas del sector primario estatal. Las cuales son consideradas como una parte esencial en el desarrollo enfatizando la visión sostenible de los recursos naturales, así como las vocaciones productivas de cada región. Las cuales pueden ser la aptitud, la capacidad y/o característica especial que presenta una unidad de producción, una localidad, un municipio o la región del estado de Puebla atendiendo e impulsando el desarrollo agropecuario, apícola y/o acuícola (Secretaría de Gobernación, 2022d).

1.3.1 Objetivo del componente

El *componente III*, tiene como objetivo específico continuar con el rescate, la conservación y la mejora de los maíces nativos, impulsando tanto la producción como la agregación de valor para la comercialización sin comprometer el reservorio genético. Con estas y otras acciones pertinentes, mejorar el ingreso de las y los productores de maíz (Secretaría de Gobernación, 2022).

La cobertura es estatal, priorizando a los municipios productores de maíces nativos. Los apoyos del *componente* se destinan a personas físicas y morales dedicadas a la producción de maíces nativos y lo que se estipule en las reglas de operación de la *Estrategia de Recuperación del Campo Poblano* en el ejercicio fiscal vigente.

Los solicitantes deben revisar y cumplir con los criterios generales de elegibilidad, así como disponer de una superficie de al menos una hectárea que sea dedicada a la producción del maíz nativo. Esto se acredita con una carta expedida por una institución que se dedique a la investigación-desarrollo o en su caso, por una autoridad local civil o agraria. La información que debe incluir esta carta integra lo siguiente: localidad, municipio, superficie y variedad. Este *componente* solicita también la Cédula de Proyecto (Secretaría de Gobernación, 2022).

1.4 Recursos

La producción de maíz corresponde a una de las actividades agrícolas fundamentales para el campo poblano, esto debido a su aportación al mercado nacional, se incluye el *componente III. Impulso Comercial de los Maíces Nativos* en la Estrategia de *Recuperación del Campo Poblano,* donde se destina hasta un monto de $60,000 pesos por beneficiario, para proyectos modulares o en su caso la adquisición de equipos para la agregación de valor y/o conservación del maíz nativo (Secretaría de Gobernación, 2021). Esto depende también de las especificaciones de los equipos que se definen en la convocatoria que emite la Secretaría de Desarrollo Rural para el ejercicio fiscal que esté vigente. Además de casos específicos que puedan tratarse de manera particular ante las peticiones de los productores poblanos.

1.5 Apoyos

El concepto de apoyo previsto para el *componente III. Impulso Comercial de los Maíces Nativos,* es el equipamiento para la agregación de valor y la conservación de semillas y granos que entrega en forma de paquete y sólo aplica uno por beneficiario/beneficiaria.

1.6 Estructura jerárquica

La Estrategia de *Recuperación del Campo Poblano,* en el *componente* de *Impulso a la Comercialización de los Maíces Nativos,* se encuentra considerado en las funciones que tiene la Secretaría de Desarrollo Rural, integrada por dos Subsecretarías, una Dirección General y 14 Direcciones que le permiten la operación y la especialización en temas como el que se atiende en este capítulo. Esta estructura orgánica canaliza en la Subsecretaría de Producción y Productividad Primaria y la Subsecretaría de Desarrollo Rural la atención especializada dentro del sector, mientras que la Dirección General es la que atiende los temas operativos/administrativos de la dependencia (Figura 3).

Figura 3.

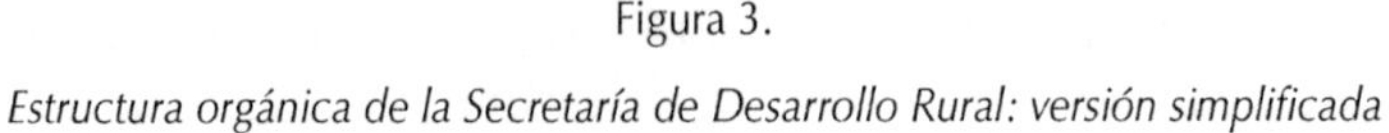

Estructura orgánica de la Secretaría de Desarrollo Rural: versión simplificada

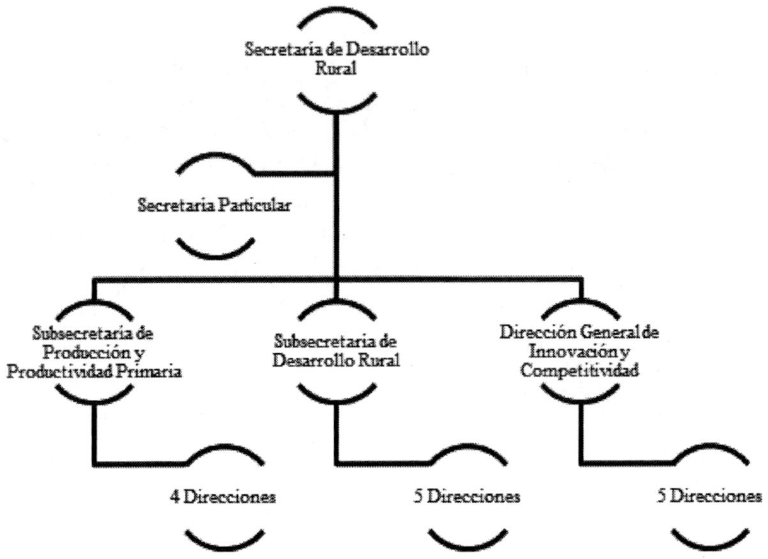

Elaboración propia, 2023. Adaptado de Gobierno del Estado de Puebla, 2021a, pp.13-14.

La Secretaría de Desarrollo Rural, en la gestión de los recursos destinados para sus actividades y respaldando los compromisos y apoyos de la *Estrategia de Recuperación del Campo Poblano*, en el *componente III. Impulso Comercial de los Maíces Nativos.* Ya en la estructura orgánica, la Dirección General de Innovación y Competitividad, específicamente la Dirección de Sustentabilidad es la responsable de la operación de este *componente* (Hernández, 01/03/2023).

1.7 Funcionamiento

La mecánica operativa de la Estrategia de *Recuperación del Campo Poblano* incluye 4 etapas, en cada una de ellas, se establecen responsables, documentación, sitios oficiales, oficinas, formatos e información vinculada con los atributos específicos de los *componentes.* La primera etapa corresponde a la Recepción y Registro de

Solicitudes. La segunda etapa se refiere al Proceso de Dictamen de Solicitudes y posterior Autorización de Apoyos. La tercera etapa es la Entrega de los Apoyos por tipo de *componente* y se finaliza con la cuarta etapa de Seguimiento, Evaluación y Cierre.

La primera etapa, inicia desde que se publica la convocatoria en el ejercicio fiscal vigente de las reglas de operación de la Estrategia y su respectivo *componente*, esto permite que se realice la recepción de la documentación general que la Secretaría facilita con los formatos adecuados donde se elige el *componente* para el cual se solicita el apoyo. La recepción y el registro de las solicitudes se realiza en las ventanillas o en su caso, en uno de los 21 módulos de atención que la Secretaría habilita en todo el estado. La recepción, revisión y verificación de la documentación del solicitante da inicio al registro y posteriormente avanza a la segunda etapa de Dictaminación y en su caso, la Autorización de Apoyos.

> [Se establece] un marco normativo a través de las reglas de operación y de las convocatorias que emite la Secretaría de Desarrollo Rural. ¿Por qué lo hacemos a través de las reglas de operación? porque tenemos que hacer un manejo transparente del recurso y trabajar para los 217 municipios y darles la oportunidad a todo aquel que quiera participar dentro de los programas que tiene hoy la Secretaría de Desarrollo Rural. Por ello se lanzan las reglas de operación, se publican en el Diario Oficial del Estado y se hace difusión a través de las delegaciones que tenemos en todo el estado, en los medios electrónicos o redes sociales por parte de la Secretaría, lo mismo que la convocatoria. Las reglas pueden ser muy generales y ya la convocatoria es muy específica de cuánto tiempo va a durar la ventanilla abierta, de cuáles son los documentos que debe presentar el productor, desde los requisitos generales como: la credencial de elector, la CURP, el comprobante de domicilio y el comprobante del predio donde se va a implementar el apoyo hasta un certificado o alguna factura que tenga que presentar o cosas así por el estilo. Entonces esos elementos son fundamentales para la operación de los productos (Fernández, 01/03/2023).

La dictaminación de las solicitudes de apoyo para el *componente III* consiste en la revisión y en su caso, la elegibilidad de las personas que presenten la solicitud/proyecto siguiendo los criterios establecidos por las reglas de operación del Programa. En esa dinámica, incluyen: la ubicación del predio o unidad productiva en municipios que cumplan con las características, la pertinencia técnica (requerimientos específicos mínimos) así como aspectos sociales, económicos, ambientales y/o técnicos que garanticen la viabilidad del apoyo solicitado (Secretaría de Gobernación, 2022). Sobre ese aspecto, el subsecretario de Desarrollo Rural indica lo siguiente:

> Entonces es una parte que ha permitido transparentar mucho el recurso y nosotros nos dedicamos a identificar de todas las solicitudes quiénes son las que cumplen a través de una Comisión Dictaminadora para poder establecer de todas las peticiones que nos llegan en cada uno de los *componentes* o subprogramas cuáles son positivos con suficiencia presupuestal, es decir, cuáles podemos apoyar. Positivos sin suficiencia presupuestal, es decir que a pesar de ser positivo ya no nos alcanza el dinero para poderlos apoyar y los que son negativos (Fernández, 01/03/2023).

La etapa tres consiste en la entrega de los apoyos para el *componente III. Impulso Comercial de los Maíces Nativos*, en este caso, el equipamiento para la agregación de valor y conservación de las semillas y granos. La Delegación Regional determina y notifica a las y beneficiarios los lugares y las fechas en que se entregan los apoyos para que organicen la logística y si es necesario, se coordinen con los miembros de sus respectivos grupos si están constituidos como personas morales. Los apoyos y lo que ellos incluyen se integra en un proceso de licitación y de esta forma se respalda la transparencia en la ejecución y en el ejercicio del gasto público. Sobre ello, el subsecretario de Desarrollo Rural indica que:

> La instancia ejecutora tiene que elaborar la requisición para poder entrar a una licitación. Hoy en día todos los recursos que maneja la Secretaría son a través de licitaciones y quién maneja las licitaciones es la Secretaría de Administración. La Secretaría de Desarrollo Rural no hace ninguna licitación, no hace ninguna aplicación de recursos. Nosotros licitamos a través de la Secretaría de Administración, ahí participan las empresas proveedoras y el proceso lo lleva la Secretaría de Administración, a nosotros solamente nos reportan quién es la empresa ganadora o quién va a ser el proveedor y empezamos a operar el producto con los ganadores,

> pero nosotros no tenemos nada que ver con proveedores (Fernández, 01/03/2023).

La última etapa es la de seguimiento, evaluación y cierre. La unidad responsable del *componente III* proporciona el seguimiento a la operación del *componente* con las recomendaciones especificadas en la convocatoria/reglas de operación. La instancia ejecutora es la que realiza el seguimiento desde el inicio hasta la conclusión de las actividades que se incluye en el *componente*, se incorpora la lista final de los beneficiarios y beneficiarias, elaborando así un reporte final con lo que se logra el cierre del ejercicio fiscal vigente.

1.8 Implementación

En el estado de Puebla, el valor de la producción agrícola se determina por el volumen, los montos y la cantidad de hectáreas dedicadas a esa actividad. El cultivo al que más superficie se destina es el maíz grano, seguido del café cereza, frijol, cebada grano y naranja (Gobierno de Puebla, 2019, p.). Por ello, el *componente III. Impulso Comercial de los Maíces Nativos* realiza una selección de acciones que le añadan valor. Aunado a la relevancia del sector, la participación de población indígena, mujeres y jóvenes trabajadores del campo que permite la asistencia técnica y capacitación para el desarrollo de sus actividades considerando la vocación productiva y las condiciones de sus localidades.

En el respaldo a la cadena productiva, la recuperación del campo focaliza este *componente* en las necesidades detectadas y peticiones formalizadas en los foros ciudadanos avaladas por las recomendaciones del grupo de técnicos especializados agrícolas. El subsecretario de Desarrollo Rural describe la razón por la que este *componente* se integra al logro de los estrategias y líneas de acción del Eje 2 del PED:

> Otro de los *componentes* dentro de la Estrategia de *Recuperación del Campo Poblano* es el *Impulso Comercial de los Maíces Nativos*. En este *componente* inicialmente se trató de apoyar la comercialización de los maíces, entonces apoyábamos con des-

> granadoras, con deshojadoras porque la hoja para tamal también se convierte en una forma de ingreso para el productor, en algunas zonas es más importante la producción de la hoja de tamal que el mismo maíz. La hoja de maíz se convierte en un negocio, apoyamos también con las máquinas para poder apoyar esa parte (Fernández, 01/03/2023).

La comercialización de los maíces, considerando las variedades que tiene el estado (amarillo, color, azul y pozolero) requiere de maquinaria para desgranar o en su caso, preparar los costales para su traslado. En esta parte del proceso, se mejora la sanidad, la inocuidad y la calidad; que respalda su ingreso a diferentes mercados. En otros casos, la producción empresarial requiere de un esquema de planeación, análisis de mercado y desarrollo organizativo donde habilidades y capacidades de las unidades locales y regionales reciben los apoyos. Considerando el tipo de apoyo y las entregas que realiza la Secretaría de Desarrollo Rural, destacan los siguientes:

> Con el *componente* de maíces nativos, hoy en día entregamos: básculas, máquinas para coser, costales para poder mantener la calidad del maíz, desgranadoras, cribadoras, vamos a incorporar molinos de nixtamal, para poder vender a un valor más alto, es un valor agregado al maíz de manera directa. Y todos los equipos que se manejan en este *componente*, tienen la intención de poderle agregar valor al producto y que se pueda apoyar o impulsar la comercialización de maíces nativos (Fernández, 01/03/2023).

En las convocatorias de la Secretaría, se presta particular atención al tipo de apoyo solicitado y a la forma en que se comunica a la población y a los productores agrícolas que la asistencia técnica está pensada para respaldarlos. Se enfatiza también que la selección por el insumo o el apoyo más caro no les garantiza mejores resultados sino la decisión basada en lo que necesite adecuándose a su estilo de trabajo, ya sea como un productor independiente o en grupos organizados. Por su parte el subsecretario de Producción y Productividad Primaria destaca sobre ese aspecto lo siguiente:

> Un espacio que es como una coyuntura en la que el productor puede crecer; es la limitante que el productor tiene para detonar

al siguiente nivel. Están pensados justamente en cada cadena productiva cuál es ese paso con el que el productor trasciende, le apoyamos para trascender" (Zepeda, 01/03/2023).

1.9 Difusión

Entre las múltiples actividades que tiene el gobierno del estado, una de ellas se formaliza en los primeros meses del ejercicio fiscal. Para los programas sociales, se trabaja en la actualización de las reglas de operación pertinentes para el campo poblano y los temas relevantes a éste. La difusión inicia a partir del momento en que el Congreso del Estado de Puebla publica las reglas de operación del *Programa Recuperación del Campo Poblano*, donde se encuentran todos los *componentes* vigentes con disponibilidad de apoyo para el año en curso. Posteriormente, se publica en el portal institucional de la Secretaría de Desarrollo Rural, la convocatoria.

En ella se estipulan los lineamientos generales, la solicitud de apoyo considerando si el solicitante es persona física o moral e incluye los *componentes* para que sean seleccionados conforme sus necesidades. Si la población no puede ingresar a los portales digitales, la Secretaría de Desarrollo Rural ha puesto a disposición de la población las ventanillas o módulos de atención con cobertura en las 21 regiones centrales para que todos los municipios puedan aplicar si es de su interés. En la ventanilla se reciben, revisan y verifican que las solicitudes cumplan con todo lo estipulado para participar en la convocatoria. Los medios tradicionales son de apoyo para comunidades donde la conectividad y las redes de comunicación están limitadas o generan alguna brecha.

La difusión en ventanillas aplica también para el listado de solicitudes dictaminadas como positivas con suficiencia presupuestal, positivas sin suficiencia presupuestal y con dictamen negativo.

1.10 Toma de decisiones

En la práctica, la implementación y el seguimiento de las funciones y apoyos del *componente III. Impulso Comercial de los Maíces Nativos*; enfatiza que la toma de decisiones es jerárquica con funciones institucionales establecidas a nivel Secretaría y unidades de apoyo. La participación de mesas de expertos para el campo poblano, han servido de guía para valorar la pertinencia de las estrategias, las líneas de acción, las metas e indicadores para el *componente* y se respaldan con la actuación específica de la Dirección de Innovación y Sustentabilidad comprobando así la función y seguimiento jerárquico. Si bien, se ha incluido la visión de la ciudadanía en la adecuación y en su caso, la personalización de los apoyos; su participación se enmarca principalmente durante el diseño de la política pública.

1.11 Evaluación

En la validación de la aplicación de los recursos disponibles para el *componente III. Impulso Comercial de los Maíces Nativos*, se genera un seguimiento institucional a cargo de la Subsecretaría de Producción y Productividad Primaria, principalmente en la operación y aplicación de los apoyos en las zonas productoras o con la población que lo ha solicitado. Por el tipo de dinámica, este seguimiento es técnico-operativo, en lo general no se realizan adecuaciones que favorezcan al *componente*. El tipo de evaluación que se aplica en la Secretaría se le considera *ex post*, se realiza al término de la operación (ejercicio fiscal), los resultados están sujetos a fiscalización por el tema de transparencia. Para ello se apoyan de los órganos competentes en la verificación y/o validación de recursos públicos.

1.12 Conclusiones

La oportunidad de disminuir el rezago productivo mediante acciones gubernamentales toma como referencia las ventajas que presenta el estado de Puebla con sus microclimas para que la diversidad de las cadenas productivas en las regionales donde se produce maíz amarillo, azul y blanco presenten una mejora significativa. Esto se comprueba con los datos registrados por el Servicio de Información Agroalimentaria y Pesquera (SIAP), por los datos de la producción agrícola desde el 2019. Se han invertido en la producción pequeña, en la que se establece para consumos estatal y nacional y en su caso por su rentabilidad o resistencia climatológica para otros mercados. Este *componente* respalda las acciones que rescatan y consolidan los maíces nativos del estado de Puebla desde su producción hasta la agregación de valor para la comercialización y lo ha hecho de manera constante con apoyo en equipamiento, en asistencia técnica y operativa por parte de expertos en el sector y de los mismos productores que son los que más conocen de las especies nativas.

El *componente III. Impulso Comercial de los Maíces Nativos* ha combatido el rezago productivo en el campo poblano, lo ha hecho con la participación ciudadana en la detección de sus necesidades y problemáticas no resueltas y la atención institucional por parte de la Secretaría de Desarrollo Rural y sus áreas expertas en el manejo de estos temas. El estado presenta condiciones ideales con sus microclimas y la diversidad de sus cadenas productivas que la atención, seguimiento y adecuación recibidas por este Programa, le genera una estrategia sólida y con efectos benéficos para la población.

Fuentes consultadas

Gobierno del Estado de Puebla (2021a). *Manual de Organización de la Secretaría de Desarrollo Rural.* Secretaría de Gobernación, Gobierno del Estado de Puebla. Orden Jurídico Poblano. https://bit.ly/42nAg42

Gobierno de Puebla (2019). *Programa Sectorial: Desarrollo Rural 2019-2024.* Instrumentos Derivados del Plan Estatal de Desarrollo 2019-2024. Gobierno de Puebla. https://bit.ly/41KYIg7

PED (2019). *Plan Estatal de Desarrollo del Estado de Puebla 2019-2024.* Gobierno del Estado de Puebla. https://bit.ly/3lP33z1

Secretaría de Gobernación (Noviembre 30, 2022). Reglas de Operación de los Programas para el Campo Poblano. Gobierno del Estado de Puebla. *Orden Jurídico Poblano*. https://bit.ly/40unT65

Secretaría de Gobernación (Agosto 16, 2021). Reglas de Operación del Programa Recuperación del Campo Poblano. Gobierno del Estado de Puebla. *Orden Jurídico Poblano*. https://bit.ly/445ZC8n

Fuentes orales

Fernández Rodríguez, Óscar (2023). Doctor en Economía Agrícola. Subsecretario de Desarrollo Rural del estado de Puebla. Entrevista en profundidad realizada el 1 de marzo de 2023 en sus oficinas de la Secretaría de Desarrollo Rural.

Zepeda Rodríguez, Sergio (2023). Maestro en Ciencias. Subsecretario de Producción y Productividad Primaria del estado de Puebla. Entrevista en profundidad realizada el 1 de marzo de 2023 en sus oficinas de la Secretaría de Desarrollo Rural.

Programa de Recuperación del Campo Poblano. Componente IV.

Impulso a los Sectores Pecuario y Acuícola implementado por la Secretaría de Desarrollo Rural en el estado de Puebla

EVELYN SOLIS LEÓN[1]
FRANCISCO JOSÉ RODRÍGUEZ ESCOBEDO[2]

1.1 Incorporación a la agenda de gobierno

El Gobierno del estado ha realizado diagnósticos, análisis situacional y prospectivo que contribuyen a la detección de las necesidades de la población, las oportunidades de mejora y mediante un trabajo articulado entre los diversos actores, se marcan directrices y estrategias de actuación en el ámbito social, económico, medio ambiental y de seguridad. La administración 2019-2024 refuerza los estudios realizados con mecanismos de participación ciudadana que incluyen su perspectiva en la configuración de las rutas de acción por medio de las actividades de las dependencias estatales.

En el estado de Puebla, cada municipio refleja condiciones concretas en el sector primario, que es una de las ramas que in-

---

1 Doctora en Desarrollo Económico y Sectorial por la Universidad Popular Autónoma del Estado de Puebla. Actualmente realiza una Estancia Posdoctoral en el Instituto de Ciencias de Gobierno y Desarrollo Estratégico de la BUAP.

2 Doctor en Ciencias Socioeconómicas por el Instituto de Socioeconomía, Estadística e Informática del Colegio de Postgraduados, Campus Estado de México. Director del Instituto de Ciencias de Gobierno y Desarrollo Estratégico de la BUAP. Miembro del SNI, Nivel I.

cluye actividades relacionadas con la agricultura, la ganadería, la apicultura, la acuacultura y la silvicultura. Con estas actividades se generan productos que pueden ser insumos o consumo final, por ello es necesario emprender acciones y/o transformaciones innovadoras que sean cercanas a la ciudadanía orientadas a la recuperación o potencialización del campo poblano y a la par, que favorezcan el bienestar social de la población.

En el 2018, el valor de la producción pecuaria excedió los 40 millones de pesos, destacando la región de Tehuacán con el 34.2% del valor total de la producción del estado. Es decir, lo pecuario se relaciona con la actividad ganadera, se incluyen todas las especies de animales entre los que destacan: los bovinos, ovinos, caprinos, aves y porcinos.

A nivel nacional, su contribución es del 6.3%, la producción pecuaria es de casi dos millones de toneladas, destacando la participación de las regiones de Tehuacán, Tecamachalco, Quimixtlán, Ciudad Serdán y Libres (PED, 2019).

El desempeño de Puebla en las actividades pecuarias lo ubica entre los 10 estados con aportación nacional, se busca la mejora de su posición, por tal motivo, se han identificado y respaldado las actividades de los mercados locales, además de la atención al fortalecimiento de los requerimientos y en la creación de nuevas cadenas productivas. Estas acciones son parte de la administración estatal (2019-2024) porque han diseñado planes y programas con esquemas adecuados a las necesidades, las regiones y las vocaciones productivas del estado. También ha habido vínculos con los sectores de comercio y consumo, algunos mediante convenios, que activan la demanda local y la participación en otros mercados mediante los programas que gestiona la Secretaría del Desarrollo Rural como es el caso del seleccionado para este capítulo.

El Programa *Recuperación del Campo Poblano* está integrado por 5 *componentes* (Figura 1) que permiten una línea concreta hacia la atención de las necesidades de la ciudadanía poblana con énfasis en las actividades como la cafeticultura, cultivos de alto valor comercial, maíces nativos, sectores pecuario, avícola y apícola.

Figura 1.

Los componentes de la Estrategia de Recuperación del Campo Poblano: Sector pecuario y acuícola

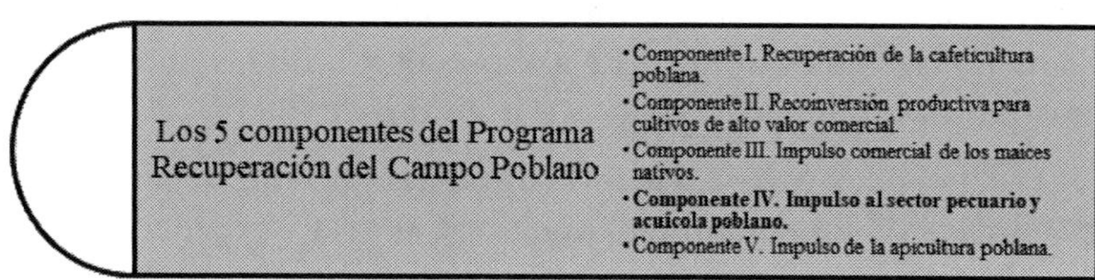

Elaboración propia, 2023. Secretaría de Gobernación, p.6.

Este capítulo se enfoca a la explicación de lo relacionado con el *componente IV. Impulso al Sector Pecuario y Acuícola Poblano*, que por la dinámica en producción que se genera a nivel estatal, las estrategias, líneas de acción y tipos de apoyo han sido configurados por el acercamiento con la población, los productores, los actores que participan de la dinámica así como las necesidades y peticiones registradas en los foros ciudadanos.

1.2 Gestación

El *componente IV. Impulso al Sector Pecuario y Acuícola Poblano*, que es parte del Programa *Recuperación del Campo Poblano*, se apoya de las recomendaciones, propuestas e identificación de necesidades de la población obtenidas en las jornadas de atención ciudadana que el gobierno estatal organizó durante el periodo de agosto-diciembre del 2019. En las diferentes localidades, donde participaron productores, autoridades de los tres órdenes de gobierno, la población en general e interesados en el proceso de participación en las solicitudes recabadas, la problemática y/o apoyos requeridos correspondió a los siguientes temas: agrícolas (65.8%), pecuarios (23.5%) y agropecuarios (10.7%) (Gobierno de Puebla, 2019). Esta actividad permite que este *componente* atienda las propuestas, las estructure e institucionalice para el sector pecuario y acuícola.

La aportación que el estado de Puebla tiene en la producción nacional, en su caso, aporta 168 productos agropecuarios de los 385 registrados a nivel nacional. En el 2018, Puebla aporta 18 de los 18 productos pecuarios que se enlistan a nivel nacional, 145 productos agrícolas de los 312 nacionales y 5 de las 55 especies acuícolas y pesqueras de México (Gobierno de Puebla, 2019).

El sector pecuario, vinculado con la producción de alimentos y productos de origen animal, tiene una aportación esencial para los poblanos y para otros mercados como son: la producción de carne de canal de la especie bovino, la producción de leche, ganado porcino, ovinocultura, ganado caprino y producción de huevo. Por el valor de la producción pecuaria, los municipios líderes en el estado son: Tepeaca, Tecamachalco, Tepanco de López y Guadalupe Victoria (Gobierno de Puebla, 2019, p.102).

A pesar de no contar con litorales, el estado de Puebla tiene un número importante de cuerpos de agua, se han orientado esfuerzos para que la producción de algunas especies acuícolas sea posible. De acuerdo con los datos del Sistema de Información Agroalimentaria de Consulta (SIAP), en el estado de Puebla se cultivan 5 especies: trucha, mojarra, carpa, bagre y langosta. Para el caso de trucha, es el segundo productor a nivel nacional. Hasta el 2019, considerando la información proporcionada por el organismo auxiliar del Comité Estatal de Sanidad Acuícola de Puebla, se registran y se encuentran en operación 226 Unidades de Producción Acuícola (UPA). Las cuales, en su mayoría, están ubicadas en localidades de alta y muy alta marginación (Gobierno de Puebla, 2019). Ante los datos y la situación del estado, la acuicultura presenta ciertas dificultades, en ocasiones por la falta de capacitación, el deficiente manejo de los sistemas productivos, la falta de fortalecimiento a las unidades, la débil o nula organización para la comercialización lo que no les permite a los productores incorporarse a las cadenas de valor o en su caso, a la innovación del campo y así de la producción estatal.

Se han identificado los retos para este sector como son: facilitar las condiciones organizativas, el desarrollo y en su caso, la gestión del conocimiento, la innovación, la transferencia de tecnologías, la producción eficiente y sostenible, además de la procuración de fondos para la tecnificación de las unidades productivas. En su caso, es el equipamiento, fortalecimiento de infraestructura para acopio, transformación y/o comercialización.

Este *componente* busca, en su operación, beneficio e impacto que se mejoren los niveles de producción y comercialización para que la ciudadanía mejore su alimentación, sus ingresos y el trabajo colaborativo.

1.3 Objetivo

A nivel general, el Programa tiene como objetivo consolidar la recuperación del campo poblano concentrando los apoyos hacia el fortalecimiento de las actividades agrícolas, pecuarias, apícolas y acuícolas del sector primario estatal. Las cuales son consideradas como una parte esencial en el desarrollo enfatizando la visión sostenible de los recursos naturales, así como las vocaciones productivas de cada región. Las cuales pueden ser la aptitud, la capacidad y/o característica especial que presenta cada unidad de producción, una localidad, un municipio o la región del estado de Puebla atendiendo, impulsado el desarrollo agropecuario, apícola y/o acuícola (Secretaría de Gobernación, 2022).

1.3.1 Objetivo del componente

El *componente IV* tiene como objetivo específico, continuar con la recuperación, fortalecimiento y desarrollo de las actividades pecuarias y acuícolas en los municipios del estado de Puebla, en dos aspectos principales: mejorando la producción y el acceso a los mercados. La cobertura del *componente* es estatal, así que cualquier productor o productora interesada puede participar considerando lo establecido por las reglas de operación del Programa *Recuperación del Campo Poblano* en lo específico para el sector agropecuario y acuícola poblano.

Aunado a los criterios generales de elegibilidad, los solicitantes deben presentar el Registro actualizado en el Padrón Ganadero Nacional (PGN) y/o el Registro Nacional de Pesca y Acuicultura (RNPA). La estructuración de estos requisitos y la formalización de actividades pertenecientes a estos sectores, se respaldan tanto en la Ley Ganadera estatal, en su reglamento y/o en la Constancia de Registro en el Padrón Estatal de Ganadería (Secretaría de Gobernación, 2022). Como una guía para la integración del proyecto, se sugiere a los solicitantes que los semovientes cuenten con un hato libre de enfermedades y con un número mínimo de animales por especie.

1.4 Recursos

La Estrategia de *Recuperación del Campo Poblano*, en el *componente IV. Impulso del Sector Pecuario y Acuícola*, en el año 2021, para el material genético pecuario y apícola de las distintas especies identificadas para el estado de Puebla, otorgan hasta $75,000 pesos para la adquisición de semen, embriones, sementales, vientres gestantes o implantados, así como material genético apícola; por productor. Para los proyectos modulares y equipo hasta $120,000 pesos y hasta $750,000 pesos cuando sean personas morales con al menos 10 socios. En equipamiento para la transformación de productos en unidades de producción, hasta $200,000 pesos por beneficiario y hasta $750,000 pesos para personas morales, con al menos 10 socios (Secretaría de Gobernación, 2021, p.20).

1.5 Apoyos

Los apoyos correspondientes al *componente IV. Impulso del Sector Agropecuario y Acuícola Poblano* son: el material genético pecuario de las distintas especies, el equipamiento productivo o de transformación de unidades para la producción pecuaria y acuícola, así como la producción de forrajes e insumos pecuarios (Secretaría de Gobernación, 2022). La descripción así como la clasificación pertinente al tipo de apoyo clasificado para la operación del Programa *Recuperación del Campo Poblano* se encuentran en la Tabla 1.

Tabla 1.

Tipo de apoyos del componente IV: Impulso del Sector Pecuario y Acuícola Poblano

#	Tipo de apoyo	Descripción del apoyo
1	Material genético pecuario de las distintas especies.	• Un apoyo en sementales o semen o embriones o vientres gestantes o implantados. Uno por beneficiario/a.
2	Equipamiento productivo o de transformación en unidades de producción pecuaria y acuícola.	• Un equipamiento por beneficiario/a.
3	Producción de forraje o insumos pecuarios.	• Un paquete para producción de forraje o insumos pecuarios por beneficiario/a.

Elaboración propia, 2023. Adaptado de Secretaría de Gobernación, 2022, p.27.

Los solicitantes pueden ser personas físicas o morales y sólo pueden acceder a un apoyo por ejercicio fiscal. En cuanto a la elaboración de los proyectos y su respectiva fundamentación, se les apoya con los formatos y la cédula de proyecto.

1.6 Estructura jerárquica

Para apoyar de manera institucional la operación de los programas estatales se le integra a la dinámica de las secretarías de estado, indicando también unidades administrativas y especializadas en la atención a los temas del campo poblano. En este caso, la Secretaría de Desarrollo Rural, opera con el respaldo de dos Subdirecciones, una Dirección General y 14 Direcciones que le dan sustento a la atención de las necesidades y/o problemáticas que son prioridad para su atención, así como la especialización que se requiere en la atención y seguimiento de los temas que son prioritarios para el gobierno y los ha integrado a la agenda como es la recuperación del campo poblano (Figura 2).

Figura 2.

Estructura orgánica de la Secretaría de Desarrollo Rural del Estado de Puebla

Secretaría de Desarrollo Rural	Secretaria Particular	
	Subsecretaria de Producción y Productividad Primaria	Dirección de Agricultura
		Dirección Pecuaria
		Dirección de Manejo de Suelo y Agua
		Dirección de Sanidad e Inocuidad Pecuaria
	Subsecretaria de Desarrollo Rural	Dirección General de Servicios y Apoyos Técnicos
		Dirección de Desarrollo de Capacidades y Aseguramiento
		Dirección de Financiamiento a los Agronegocios
		Dirección de Vinculación a los Mercados
		Dirección de Desarrollo Rural y Participación
		Dirección General de Innovación y Competitividad
		Dirección de Planeación, Evaluación y Estrategia
		Dirección de Innovación y Sustentabilidad
		Dirección de Tecnologías de la Información
		Dirección Jurídica
		Dirección Administrativa

Elaboración propia, 2023. Adaptado de Gobierno del Estado de Puebla, 2021a, pp.13-14.

El *componente IV. Impulso del Sector Pecuario y Acuícola Poblano*, dentro de la estructura orgánica de la Secretaría, está en manos de la Dirección Pecuaria que pertenece a la Subsecretaría de Producción y Productividad Primaria (Hernández, 01/03/2023).

1.7 Funcionamiento

La mecánica operativa de la Estrategia de *Recuperación del Campo Poblano* incluye 4 etapas: Recepción y Registro de Solicitudes,

Dictamen de Solicitudes y Autorización de Apoyos, Entrega del Apoyo, Seguimiento, Evaluación y Cierre (Figura 3), en cada una de ellas, se establecen responsables, documentación, sitios oficiales, oficinas, formatos e información vinculada con los atributos específicos de los *componentes*.

Figura 3.

Etapas de la mecánica operativa del Programa Recuperación del Campo Poblano

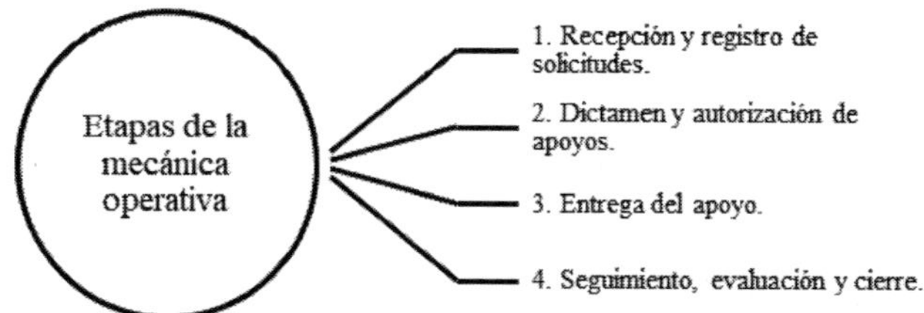

Elaboración propia, 2023. Adaptado de Secretaría de Gobernación, 2022, pp.28-31.

Son elegibles para recibir los apoyos del *componente IV*, los solicitantes que cumplan con los criterios generales que establecen las reglas de operación de la Estrategia de *Recuperación del Campo Poblano* del ejercicio fiscal vigente. Dentro de la clasificación se atienden a personas físicas y morales, para ellos es altamente recomendable que se consulte la convocatoria que emite la Secretaría de Desarrollo Rural en los medios oficiales designados, los módulos de atención correspondientes a los municipios aledaños y/o con los representantes de la Subsecretaría responsable.

La autorización de las solicitudes de apoyo se realiza por la Comisión Dictaminadora y consiste en la revisión y en su caso, la elegibilidad de las personas que presenten la solicitud/proyecto siguiendo los criterios establecidos por las reglas de operación del Programa. Los datos que deben incluir son: la ubicación del predio o unidad productiva en municipios que cumplan con las características, la pertinencia técnica (requerimientos específicos mínimos) así como aspectos sociales, económicos, ambientales y/o técnicos que garanticen la viabilidad del apoyo solicitado (Secretaría de Gobernación, 2022).

La primera etapa inicia desde que se difunde la convocatoria y se apoya de la gestión de las ventanillas o módulos de atención para recibir, revisar y registrar las solicitudes. Posteriormente en la etapa dos, se genera el Dictamen de las solicitudes por parte de la Comisión Dictaminadora que es un cuerpo colegiado que revisa, previa verificación de la propuesta y selección conforme lo estipulado por las reglas de operación del Programa; los proyectos que cumplen con todos los requisitos. Los resultados pueden ser: solicitudes positivas con suficiencia presupuestal, positivas sin suficiencia presupuestal y dictamen negativo. La tercera etapa es la entrega de apoyo que se respalda con un acta entrega-recepción y con esto se continúa con el seguimiento a la operación del *componente IV. Impulso al Sector Pecuario y Acuícola Poblano*. Esto es parte de la cuarta etapa, además de lo relacionado con la evaluación integrando un informe final y el cierre finiquito del *componente.*

En la administración estatal del periodo 2019-2024, se ha enfatizado en la selección de aquellos apoyos que estén dirigidos a la población y en su caso, a lo que requiere el productor porque en ocasiones, consideran que, si el precio de un equipo es más alto, debe ser el mejor para su actividad. El subsecretario indica la importancia de la dictaminación para la selección de los apoyos y en el ejercicio del recurso público:

> Cuidamos mucho nuestras convocatorias y sobre todo nuestro proceso de dictaminación, normalmente el productor te va a decir ¿cuál vale más? Ah, pues éste, ah ese quiero. No, no, no. Nuestra entrega del bien está dirigido a un tipo, a un perfil de productor porque sabemos que es ahí donde le va a servir. En la dictaminación, dictamos que ese perfil sea quien lo reciba (Fernández, 01/03/2023).

1.8 Implementación

El Programa de *Recuperación del Campo Poblano*, en su *componente IV. Impulso al Sector Pecuario y Acuícola Poblano* destina sus tipos de apoyo para el equipamiento o en su caso, el acceso a material genético considerando su vocación productiva dentro del sector. El subsecretario de Producción y Productividad Primaria indica las características de este *componente*: "En este Programa tenemos el *componente* 4, que es el *Impulso al Sector Pecuario y Acuícola poblano.* Lo que hacemos, tenemos 2 componentes: uno de equipamiento y uno genético. El de equipamiento tiene, por ejemplo, picadoras; todo lo que hacemos, todos los componentes de nuestros programas tienen un espacio en la cadena productiva" (Fernández, 01/03/2023).

Las formas de aplicación y vinculación con las necesidades detectadas y documentadas son resultado de los foros ciudadanos, así como de la integración de recomendaciones por parte de los expertos quienes canalizan de manera puntual de qué forma la cadena productiva se mejora, se gestiona, se incorpora a nivel operativo con los productores locales. El Programa *Recuperación del Campo Poblano*, en la categorización de sus *componentes*, estructura un marco de acción para que el productor encuentre los mecanismos o herramientas adecuadas a sus actividades y a la par, su ingreso y calidad de vida mejoren en sus propias localidades: El productor tiene para detonar al siguiente nivel, están pensados justamente para cada cadena productiva cuál es ese paso con el que el productor trasciende, le permitimos trascender" (Zepeda, 01/03/2023).

La cadena productiva dentro del sector pecuario, indica también las adecuaciones necesarias para el incremento de la rentabilidad y el impulso a la productividad. En la dinámica del campo poblano, en el sector pecuario, seleccionando el equipo adecuado también se favorecen la nutrición, el uso de los recursos naturales que, de manera incremental, impulsan el desarrollo rural ya sea mediante la modernización de las prácticas de producción o en la forma de operar el equipo especial para el sector. El subsecretario de Producción y Productividad Pecuaria comparte el siguiente caso:

> Ejemplo, un productor ya tiene 5, 10 o 15 borregos y está trayendo sus pasturas y los pone en un comedero y solamente las pone ahí, al no estar picadas, al no estar procesadas, la digestibilidad es menor y, por lo tanto, la productividad menor, la rentabilidad de su negocio disminuye y hay una merma muy importante y eso le

> pega duro al productor. Entonces, por ejemplo, ahí le metemos un procesador, ya sea un molino o una picadora de forrajes; dependiendo la cadena productiva. Entonces, simplemente usando una picadora de forrajes y dar el mismo forraje, ya no hablé de dieta, solamente el mismo forraje picado aumenta la digestibilidad y aumenta la rentabilidad de su negocio (Zepeda, 01/03/2023).

La dinámica y la operación es a nivel integral porque si se apoya con equipo, también se mejoran algunas prácticas locales, la misma dieta que recibe el ganado, asesoría técnica por parte de los funcionarios públicos que están en la Secretaría han marcado una diferencia y la vinculación entre las peticiones de los productores, entender la dinámica de la cadena productiva, la disponibilidad de apoyos y la sección adecuada del equipo, conforme la vocación productiva local. La misma dinámica y sus adecuaciones correspondientes se consideran en el equipamiento de otras zonas o regiones donde el ganado es diferente y sus condiciones requieren otro tipo de mecánica, tecnología y en general equipamiento, como es el caso de los molinos: "En equipamiento, básicamente se otorgan molinos para granos, picadoras de forrajes, para bovinos, ovinos, caprinos que son las cadenas que atendemos: bovinos, ovinos y caprinos en pecuario" (Zepeda, 01/03/2023).

En la producción de leche, que se han estipulado normas de inocuidad y sanidad se han integrado en las actividades del campo poblano, para el *componente* que se analiza en este capítulo y como un caso de referencia se enfatiza en la importancia del equipamiento que responda tanto a los estándares de calidad como a la modernización y manejo del producto lácteo. En la Secretaría se han identificado acciones que agregan valor al manejo de la leche como son las ordeñadoras y los enfriadores de leche.

> Entonces ahí tenemos ese tipo de bienes. Tenemos ordeñadoras, tanques enfriadores, fíjense que este es un elemento muy importante: un productor promedio que tiene 20 vacas, la lechería, los lecheros sacan entre 10 y 20 litros, un productor promedio, la venta de su leche es complicada ¿por qué? Porque la persona que la recoge, el volumen que recoge es reducido, si él lograra almacenar un volumen más importante, la rentabilidad sería mayor entonces podría mejorar el precio que recibe por su leche (Zepeda, 01/03/2023).

Las propuestas profesionales sobre el campo poblano incluidas en el Programa *Sectorial para el Desarrollo Rural*, se enfatiza que el equipamiento y/o la mecanización que mejore de manera sostenible un proceso productivo, respalda la competitividad del sector pecuario. La especialización y estandarización en la producción de leche, el enfriador ha marcado una acción favorable en la calidad, sanidad e inocuidad. El subsecretario de Producción y Productividad Agrícola señala que se han establecido criterios respecto al fortalecimiento de la seguridad alimentaria que, en términos locales, respalda una mejor gestión de la leche para consumo y comercialización en mercados estatal, nacional y en su caso por la demanda internacional:

> El enfriador de leche, de esa manera un productor de leche puede mantener su producto 2 o 3 días y la puede mezclar con la de la ordeña reciente y sin que pierda su calidad. Y también, bueno obviamente tiene más inocuidad, la leche no se descompone, no le hace daño a nadie, todo está bien. Esto lo enfocamos para fortalecer el tema de Seguridad Alimentaria Mexicana (SEGALMEX) recuerdan que SEGALMEX lanzó un programa en el que promovía la adquisición de leche, pero leche de calidad. Tenía varios parámetros para la producción de leche, decía: si me lo dan con tanto de grasa, te pago tanto. Si me la das tanto así, pero uno de los indicadores es frío. Un indicador es que esté inocua y el otro indicador es que esté fría. Entonces por eso metimos a la lechería: la ordeñadora para evitar el contacto de las manos, la ordeñadora mecánica y el enfriador de leche, por ejemplo, el enfriador de leche permite que la comercialización sea más rentable, que el productor la pueda vender mejor porque la mantiene, la cuida. Y en la ordeñadora porque el proceso de ordeña es inocuo, recuerden que también el ordeñador es un vector de transmisión de enfermedades (Zepeda, 01/03/2023).

La modernización del sector pecuario no sólo se vincula exclusivamente con la tecnificación de éste, incluye la innovación que atienda las necesidades y propiedades del sector, por ejemplo, en lo pecuario, dentro del rubro de equipamiento, se incluyen los cercos que son recomendados y aplicados para los productores de bovinos con una dinámica que refuerce el compromiso de los ciudadanos involucrándolos en una modalidad de corresponsabilidad a manera de coinversión con los recursos que ya tienen y eviten que todo sea aportado por el gobierno: ellos son un factor de éxito en estas actividades:

> Tenemos un apoyo que también es muy demandado, apoyamos con cercos de alambre para cercar potreros, por ejemplo. Esto va dirigido a productores de bovinos extensivos a los que se les apoya con los cercos, y muchos se acercan y dicen: oye ¿y no tendrás los postes? No, no los tengo, por un criterio muy importante: creemos que el productor sí puede conseguir los postes de madera, de concreto, de galvanizado ¿me entienden? Dejamos que el productor también se comprometa. Si se le da todo creo que nosotros mismos estamos comprometiendo el estímulo y él, un apoyo de este tipo. Entonces mejor le metemos un poco más de rollo y dejamos que él se comprometa a conseguir el resto y a colocarlo correctamente (Zepeda, 01/03/2023).

En el sector acuícola, uno de los aspectos que se atienden y que busca la recuperación de la producción es la asistencia técnica porque en administraciones de gobiernos anteriores, se les dotó de estanques que con el paso del tiempo quedaron abandonados, en parte porque era la entrega de éstos en lo que consistía el Programa sin brindar algún tipo de guía en su operación y/o mantenimiento. Por ello, la Secretaría de Desarrollo Rural, como una parte integral de los apoyos incluye la asistencia técnica, que genera así la orientación hacia el tipo de insumos acuícolas necesarios para los productores y su contexto:

> [En apoyo a la acuicultura] detectamos que existían demasiados estanques que en otro momento se promovió la acuicultura solamente por dar un estanque y bueno, necesitan de asistencia técnica, de equipamiento, de un mercado, de un abasto, de alimento y sobre todo de capacitación. Se fueron quedando abandonados, sembrados solamente en las diferentes regiones del estado abandonados. Bueno, hay estanques donde no hay agua. Entonces creímos que en lo que teníamos que invertir era en que eso funcionara, eso más los que ya funcionan hoy, más los que ya funcionan. Entonces tenemos un paquete acuícola que va dirigido a fortalecer la producción con algunos instrumentos que les ayudan a los productores a medir el oxígeno, algunos indicadores importantes de la producción de piscícola. Redes que son muy importantes, no las tienen, diferentes tipos de redes, diferentes equipos que ellos

> necesitan vestir: bota de hule, pecheras, así, ese tipo de bienes que realmente detonan la acuicultura (Zepeda, 01/03/2023).

A través de estas asesorías técnicas se van definiendo los insumos e instrumentos adecuados para su uso en los estanques. Por ello, se entregan paquetes acuícolas contemplando la ropa de bioseguridad para el manejo inocuo de la producción. Ya en la implementación de los apoyos de este *componente*, se incluye una bomba de agua con un sistema fotovoltaico que se requiere en todos los procesos pecuarios, agrícolas y acuícolas porque es uno de los bienes más preciados y que se requieren para realizar esas actividades.

1.9 Difusión

La Secretaría de Desarrollo Rural, una vez que se publican las reglas de operación del Programa *Recuperación del Campo Poblano* y que son validadas por el Congreso del Estado, se difunde la convocatoria en su portal oficial. Para que los ciudadanos puedan consultar los requisitos generales, así como los rubros de apoyo para el *componente IV. Impulso del Sector Pecuario y Acuícola Poblano.* La publicación en un primer momento se hace en medios digitales para su consulta y conscientes de las cualidades de la población o que algunos solicitantes no tengan acceso a esta versión, la Secretaría habilita ventanillas o módulos de atención en 21 regiones. En estos lugares se difunde la convocatoria, se enlistan los documentos oficiales aplicables a personas físicas y/o morales, facilitándoles también asesoría técnica y operativa. La difusión se hace tanto en medios impresos, convencionales y/o digitales. La difusión en ventanillas aplica también para el listado de solicitudes dictaminadas como positivas con suficiencia presupuestal, positivas sin suficiencia presupuestal y con dictamen negativo.

1.10 Toma de decisiones

La toma de decisiones en este Programa, así como del *componente* es de tipo jerárquica donde los directivos públicos son los que establecen las pautas en la estrategia que requiere la aplicación de los apoyos en el sector pecuario y acuícola. Si bien, en la primera fase de recopilación de datos e información mediante la participación ciudadana en los 22 foros organizados se establecen con claridad o confirman las necesidades y peticiones concretas del sector; a los ciudadanos no se les incluye en la toma de decisiones. Las áreas y unidades de apoyo en la gestión de lo recursos así como la Subsecretaría y direcciones que le brindan respaldo, son los que cumplen con la guía y las directrices que se establecen en la estructura orgánica, la normativa y las reglas de operación correspondientes al ejercicio fiscal vigente.

1.11 Evaluación

En las etapas previas a la evaluación del programa social, la participación ciudadana documentada en foros y espacios específicos para recopilar información que respalden las necesidades y problemáticas identificas por la población en temas del campo poblano y en particular del sector pecuario y acuícola es activa. Ya para la parte de la evaluación no se les integra. El tipo que se aplica a nivel estatal es la de tipo *ex post,* es la forma de atender y validar los logros del Programa. La revisión se da por parte de la instancia ejecutora con apoyo documental hasta la conclusión de las actividades.

1.12 Conclusiones

El *componente IV. Impulso al Sector Pecuario y Acuícola Poblano* recibe su impulso desde los diagnósticos de los foros ciudadanos, de los análisis situacionales y prospectivos por la relevancia en la economía estatal y nacional. Si bien cada municipio refleja necesidades y retos específicos, las acciones y transformaciones innovadoras que se gestan desde la Secretaría de Desarrollo Rural focalizan sus estrategias en la recuperación y potencialización del campo poblano. La recuperación, el fortalecimiento y desarrollo de las actividades pecuarias y acuícolas con la selección adecuada del material genético, el equipamiento productivo, las unidades de transformación y la producción de insumos; han mejorado la producción y el acceso a los mercados. Por su parte, la acuicultura recibe reacondicionamiento de los estanques abandonados que se han puesto en operación nuevamente, además de mejorar el equipamiento, la alimentación y en su forma integral el paquete acuícola. Además de estos apoyos también se ha brindado asesoría técnica que les facilita a los productores locales la identificación o definición de los insumos y equipamiento adecuados para ellos y para mejorar su productividad. Con este *componente* se han fortalecido las cadenas productivas con esquemas adecuados a las necesidades, las regiones y vocaciones productivas de la entidad.

Fuentes consultadas

Gobierno del Estado de Puebla (2021a). *Manual de Organización de la Secretaría de Desarrollo Rural.* Secretaría de Gobernación, Gobierno del Estado de Puebla. Orden Jurídico Poblano. https://bit.ly/42nAg42

PED (2019). *Plan Estatal de Desarrollo del Estado de Puebla 2019-2024.* Gobierno del Estado de Puebla. https://bit.ly/3lP33z1

Secretaría de Gobernación (Noviembre 30, 2022). Reglas de Operación de los Programas para el Campo Poblano. Gobierno del Estado de Puebla. *Orden Jurídico Poblano.* https://bit.ly/40unT65

Secretaría de Gobernación (Agosto 16, 2021). Reglas de Operación del Programa Recuperación del Campo Poblano. Gobierno del Estado de Puebla. *Orden Jurídico Poblano.* https://bit.ly/445ZC8n

Fuentes orales

Hernández Fernández, Óscar (2023). Doctor en Economía Agrícola. Subsecretario de Desarrollo Rural de la Secretaría de Desarrollo Rural del estado de Puebla. Entrevista en profundidad realizada el 1 de marzo de 2023 en sus oficinas.

Zepeda Rodríguez, Sergio (2023). Maestro en Ciencias. Subsecretario de Producción y Productividad de la Secretaría de Desarrollo Rural del estado de Puebla. Entrevista en profundidad realizada el 1 de marzo de 2023 en sus oficinas.

Programa de Recuperación del Campo Poblano. Componente V.

Impulso de la Apicultura Poblana implementado por la Secretaría de Desarrollo Rural en el estado de Puebla

EVELYN SOLIS LEÓN[1]
FRANCISCO JOSÉ RODRÍGUEZ ESCOBEDO[2]

1.1 Incorporación a la agenda de gobierno

El Gobierno del estado de Puebla, previo al inicio de la administración para el periodo 2019-2024 realiza una serie de actividades que le permiten la identificación de necesidades y problemáticas, que a la par posibilitan el registro de propuestas de la ciudadanía en la atención de ciertas preocupaciones. Se suman a esta actividad, organizaciones de la sociedad civil, la iniciativa privada, el sector social y académicos, así como los ciudadanos de las localidades y los pueblos indígenas originarios de determinadas regiones. La información se analiza en mesas de trabajo para ser incluidas, desde el enfoque institucional y gubernamental en el Plan Estatal de Desarrollo 2019-2024 con sus respectivos objetivos, estrategias y líneas de acción. Este documento es la guía de accio-

---

1 Doctora en Desarrollo Económico y Sectorial por la Universidad Popular Autónoma del Estado de Puebla. Actualmente realiza una Estancia Posdoctoral en el Instituto de Ciencias de Gobierno y Desarrollo Estratégico de la BUAP.

2 Doctor en Ciencias Socioeconómicas por el Instituto de Socioeconomía, Estadística e Informática del Colegio de Postgraduados, Campus Estado de México. Director del Instituto de Ciencias de Gobierno y Desarrollo Estratégico de la BUAP. Miembro del SNI, Nivel I.

nes y esfuerzos mediante la configuración de 4 ejes principales, 4 transversales y 1 especial (Figura 1).

Figura 1.

Estructura del Plan Estatal de Desarrollo 2019-2024: identificación de ejes

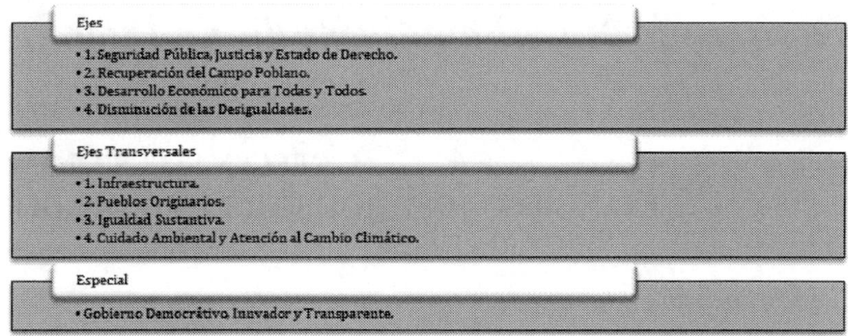

Elaboración propia, 2023. Adaptado de PED, 219, p.76.

En cada eje, se determina a la dependencia corresponsable de la actuación, gestión, seguimiento, evaluación e integración de la política estatal. Este capítulo aborda el *componente Impulso de la Apicultura Poblana,* de uno de los Programas que ejecuta la Secretaría de Desarrollo Rural (SDR) quien es la institución a quien se le asigna el Eje 2. *Recuperación del Campo Poblano* que tiene como objetivo rescatar al campo poblano mediante entornos regionales favorables que le permitan el mejoramiento de las actividades agropecuarias, acuícolas y apícolas que son esenciales dentro del territorio. La Secretaría respalda estas actividades con un enfoque de desarrollo sostenible, con identidad, perspectiva de género e interseccionalidad (PED, 2019).

Dentro de las acciones de política que lleva a cabo la SDR, se agrupan en uno de sus Programas, que es el de *Recuperación del Campo Poblano,* el cual está integrado por 5 *componentes* (Figura 2) que permiten una línea concreta hacia la atención de las necesidades de la ciudadanía poblana con énfasis en las actividades como la cafeticultura, cultivos de alto valor comercial, maíces nativos, sectores pecuario, avícola y apícola.

Figura 2.

Los componentes del Programa de Recuperación del Campo Poblano: Impulso a la apicultura

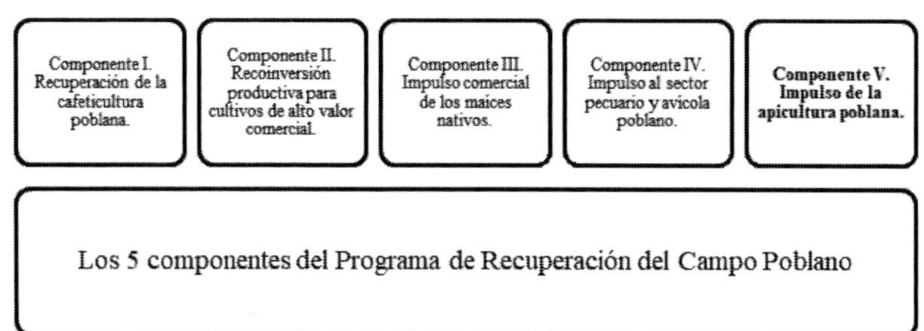

Elaboración propia, 2023. Secretaría de Gobernación, p.6.

La apicultura es el conjunto de actividades relacionadas con la cría, la sanidad y la explotación racional de las abejas: tanto de sus productos o subproductos. En esta actividad, la Secretaría de Desarrollo Rural focaliza parte de sus funciones mediante el fomento de la capacitación, investigación y transferencia de tecnología para los apicultores del estado de Puebla. Ha incluido la participación de múltiples actores como son las organizaciones ganaderas, instituciones educativas (públicas y/o privadas) y a los interesados en realizar actividades apícolas (Gobierno del Estado de Puebla, 2013).

En este capítulo, se aborda el *componente V. Impulso de la Apicultura Poblana*, que es uno de los temas que se destacan de los foros de participación ciudadana y de las propuestas integradas por profesionales del campo donde se aborda la problemática, con objetivos y líneas de acción para el rescate de la apicultura (entre otras) donde se focalizan los compromisos en la identificación de las ventajas de las regiones de la entidad, implementando programas de fomento productivo que mejoren la competitividad del sector. Esto no sólo es un atributo de las acciones de política de desarrollo rural, también se traduce en apoyos y guía en la mejora de la situación económica de las productoras y los productores poblanos. Entender, aplicar y fortalecer la cadena de producción y comercialización apícola es una meta concreta para la administración y el trabajo enmarcado en el Programa Sectorial: Desarrollo Rural 2019-2024 (Gobierno de Puebla, 2019, p.85).

La incorporación de las acciones a nivel estatal también se vincula con los Ejes a nivel nacional, en este caso, Eje 3. Economía; donde se promueve la implementación de proyectos regionales para lograr suficiencia alimentaria y rescate del campo poblano impulsando así el crecimiento y reactivación económica, el respaldo al mercado interno y al empleo. En el plano internacional, los compromisos de la Agenda 2030, son incluidos en la visión de Estado. De las 4 estrategias del Eje 2. *Recuperación del Campo Poblano,* a este *componente* se le vincula con 3 de ellas: 1. El impulso a la cadena productiva agrícola, pecuaria, acuícola y apícola en el fortalecimiento de la productividad, 2. Fortalecimiento de los canales de comercialización que propicie la integración de cadenas de valor estratégico y 3. Fortalecimiento de la gestión de conocimiento en el desarrollo rural para el mejoramiento de las capacidades.

Los Objetivos de Desarrollo Sostenible (ODS) que se vinculan con el Eje, estrategias y líneas de acción, así como con el *componente* de este capítulo tienen incidencia en: Hambre cero (2), Trabajo decente y crecimiento económico (8), Industria, innovación e infraestructura (9), Reducción de las desigualdades (10), Ciudades y comunidades sostenibles (11), Producción y consumo responsables (12) y Vida de ecosistemas terrestres (15). Esta información se sintetiza en la Figura 3.

Figura 3.

Estrategias del Eje 2 del PED 2019-2024 con su alineación a los ODS

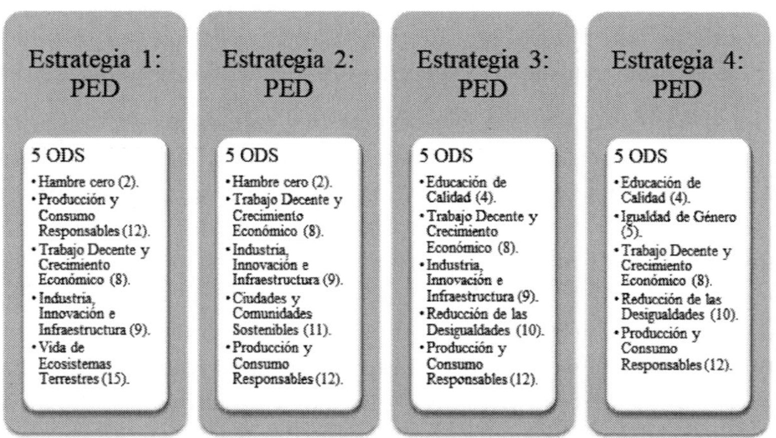

Elaboración propia, 2023. PED, 2019, p.96.

1.2 Gestación

El Gobierno del estado de Puebla reconoce la contribución que el campo hace a nivel nacional e incorpora en las estrategias y acciones que se generen entornos regionales propicios para la producción sostenible, se logre el acceso a mercados competitivos y la agregación de valor a los productos agrícolas estatales. El desarrollo rural estatal cuenta con la visión y la participación de diversos agentes organizados que impulsan el proceso de transformación social y económica que se requiere. Además de reconocer que, debido a factores externos, se presentan momentos de vulnerabilidad en el sector por lo que se requieren de atención concreta, en este caso a la apicultura.

El contenido de las estrategias para el campo poblano está respaldado por la participación de la ciudadanía mediante las jornadas de atención donde los productores de las diferentes regiones del estado se acercaron a las autoridades gubernamentales externando problemáticas en los procesos o dentro de las unidades de producción. En estas jornadas de atención se rescatan también peticiones y apoyos requeridos por los productores poblanos que se incluyen en las once propuestas realizadas por expertos de campo que establecen, mediante esos datos e información, los objetivos y líneas de acción para el rescate del campo poblano, dentro de los que destacan la ganadería y apicultura (Gobierno de Puebla, 2019).

La apicultura es una de las actividades ganaderas de mayor relevancia para el estado de Puebla, así como la contribución que hace a nivel nacional. En ella se trabaja la preservación, conservación y manejo de las abejas considerando atributos específicos a nivel estatal. El Sistema de Información Agroalimentaria y Pesquera (SIAP) ubica a Puebla como el 8° productor a nivel nacional reporta también que la producción se genera en 166 municipios, dentro de los que principalmente se encuentran: Cuetzalan del Progreso, Atlixco, Acatzingo, Chalchicomula de Sesma, Izúcar de Matamoros, Puebla, Tlacotepec de Benito Juárez, Pantepec, Huauchinango y Pahuatlán (Gobierno de México, 2021).

Al ser una actividad relevante en la producción ganadera, el estado de Puebla a través de la labor de la Secretaría de Desarrollo Rural centra sus esfuerzos en la apicultura por su relevancia estatal, nacional e internacional y por la cantidad de productores que se vinculan con las buenas prácticas apícolas. Como una forma de complementar las ideas de los encuentros ciudadanos y las recomendaciones de los expertos en el sector, se realizaron dos foros con productores apícolas del estado, donde los productores y las productoras determinaron en qué Programas existentes se pueden apoyar, como el *Sembrando Vida* que favorece la producción de miel mantequilla (preciada y deseada en el mercado), el diseño de un proyecto para la creación de una cuenca mielera que incluye 13 municipios, módulos apícolas, cajas de colmenas, extractor y equipo de manejo.

Para la productividad, modernización e innovación de las actividades apícolas, se requiere de la asistencia para tecnificar el proceso de extracción y envasado, así como capacitación para la transformación y valor agregado de la miel, por ejemplo con asesoría técnica y operativa para la generación del registro de marca.

El *componente V. Impulso de la Apicultura Poblana,* atiende estas y otras observaciones que se registran de manera formal y que se consolidaron en las formas en que la SDR atiende las necesidades de los productores estatales con la demanda de los productos apícolas. La formalización en los apoyos de equipamiento apícola, asesoría y capacitación técnica especializada, el registro de los apicultores y los retos del medio ambiente que han impactado la floración, son aspectos atendidos y con un seguimiento puntual en la Subsecretaría de Producción y Productividad Primaria.

1.3 Objetivo del programa

De manera general, el Programa tiene como objetivo consolidar la recuperación del campo poblano concentrando los apoyos hacia el fortalecimiento de las actividades agrícolas, pecuarias, apícolas y acuícolas del sector primario estatal. Las cuales son consideradas esenciales para el desarrollo enfatizando la visión sostenible de los recursos naturales, así como las vocaciones productivas de cada región. Las cuales pueden ser la aptitud, la capacidad y/o característica especial que presenta una unidad de producción, una localidad, un municipio o la región del estado de Puebla atendiendo, impulsado el desarrollo agropecuario, apícola y/o acuícola (Secretaría de Gobernación, 2022d).

1.3.1 Objetivo del componente

El objetivo específico del *componente V,* con enfoque en la Apicultura Poblana es impulsar las actividades apícolas en los municipios del estado de Puebla que les permita consolidar su presencia en los mercados nacional e internacional. La población objetivo son productores/productoras apícolas del estado que presenten un proyecto apegado a las reglas de operación del Programa de *Recuperación del Campo Poblano.* Además de los criterios generales del Programa, el *componente* solicita el registro actualizado en el Padrón Ganadero Nacional (PGN) con base en el reglamento y la Ley Ganadera para el Estado de Puebla, así como la Constancia de Registro en el Padrón Estatal de Ganadería (Secretaría de Gobernación, 2022d).

Al solicitar material genético apícola, es indispensable que demuestre niveles de infestación permisibles o en su caso, una constancia de tratamiento contra *varroasis* (enfermedad causada por el ácaro externo varroa). Para el apoyo: equipamiento productivo o de transformación debe presentar la Cédula de Proyecto.

1.4 Recursos

La apicultura como una de las actividades y de producción estatal, se respaldan en el *componente V. Impulso a la Apicultura Poblana,* como una línea de apoyo que integra el Programa de *Recuperación del Campo Poblano.* En las reglas de operación publicadas en el 2021, se especifica el monto máximo de apoyo en el equipamiento para la transformación de productos en unidades de producción, hasta $200,000 pesos por beneficiario y hasta $750,000 pesos para personas morales, con al menos 10 socios (Secretaría de Gobernación, 2021, p.20).

1.5 Apoyos

Los apoyos para el *componente V. Impulso de la Apicultura Poblano* son insumos apícolas, material genético y equipamiento productivo o de transformación (Tabla 1).

Tabla 1

Tipo apoyos del componente V. Impulso de la Apicultura Poblana

#	Tipo de apoyo	Descripción del apoyo
1	Insumos apícolas	• Paquete de insumos y/o alimento apícola por beneficiario/a

2	Material genético	• Paquete de abejas reina fecundada por beneficiario/a • Paquete de núcleo de abejas meliponas por beneficiario/a
3	Equipamiento productivo o de transformación	• Un equipamiento por beneficiario/a

Elaboración propia, 2023. Adaptado de la Secretaría de Gobernación, 2022d, p.28.

Los solicitantes pueden ser personas físicas o morales y sólo pueden acceder a un apoyo por ejercicio fiscal. En cuanto a la elaboración de los proyectos y su respectiva fundamentación, se les apoya con los formatos y la cédula de proyecto.

1.6 Estructura jerárquica

La Secretaría de Desarrollo Rural opera con el apoyo de dos Subsecretarías que atienden las particularidades del sector, los actores, la producción, la comercialización, la innovación y agregación de valor a las actividades del campo poblano. La Subsecretaría de Producción y Productividad Primaria, se apoya de la coordinación y atención de la Dirección de Agricultura, la Dirección Pecuaria, la Dirección de Manejo de Suelo y Agua. Mientras que la Subsecretaría de Desarrollo Rural se apoya de la Dirección General de Servicio y Apoyos Técnicos, la Dirección de Desarrollo de Capacidades y Aseguramiento, la Dirección de Financiamiento a los Agronegocios, la Dirección de Vinculación a los Mercados y la Dirección de Desarrollo Rural y Participación. El último bloque de direcciones es la responsable de la parte operativa y/o administrativa encabezada por la Dirección General de Innovación y Competitividad. La Figura 4 representa la estructura orgánica, si bien no aplica la forma tradicional jerárquica, se indican las Subsecretarías con sus respectivas Direcciones. En el caso de la Dirección General, está separado como otro nivel dentro de la estructura institucional.

Figura 4.

Estructura orgánica de la Secretaría de Desarrollo Rural: versión alternativa jerárquica

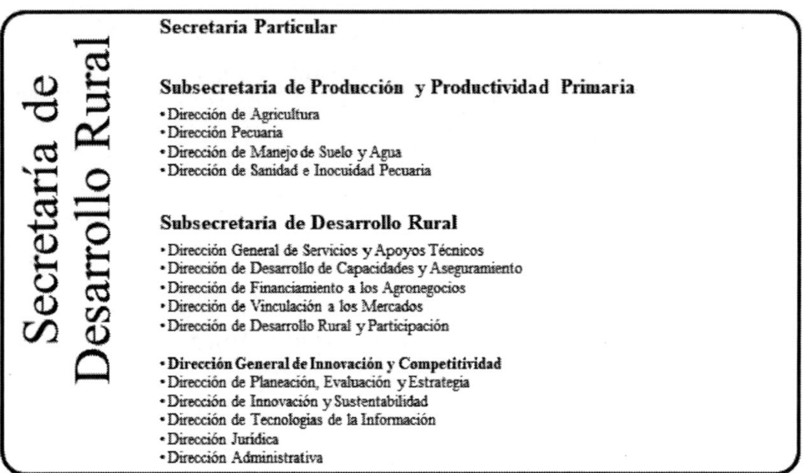

Elaboración propia, 2023. Adaptado de Gobierno del Estado de Puebla, 2021a, pp.13-14.

La Secretaría de Desarrollo Rural, en su estructura orgánica, designa a la Subsecretaría de Producción y Productividad Primaria en específico a la Dirección Pecuaria la gestión del *componente V. Impulso a la Apicultura Poblana* (Hernández Fernández, 01/03/2023).

1.7 Funcionamiento

La mecánica operativa del Programa de *Recuperación del Campo Poblano* incluye 4 etapas: Recepción y Registro de Solicitudes, Dictamen de Solicitudes y Autorización de Apoyos, Entrega del Apoyo, Seguimiento, Evaluación y Cierre (Figura 5), en cada una de ellas, se establecen responsables, documentación, sitios oficiales, oficinas, formatos e información vinculada con los atributos específicos de los *componentes*.

Figura 5.

Etapas de la mecánica operativa del Programa Recuperación del Campo Poblano

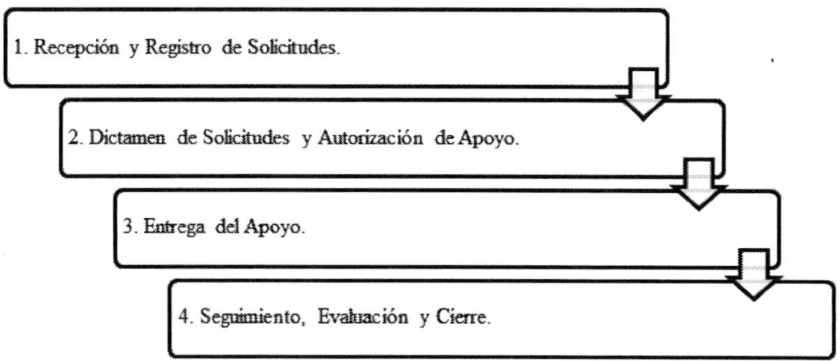

Elaboración propia, 2023. Adaptado de Secretaría de Gobernación, 2021, pp.24-28.

La Fase 1 inicia desde que se publica la Convocatoria y se proporcionan los lineamientos para la selección del *componente V. Impulso a la Apicultura Poblana*; la Unidad Responsable, la Instancia Ejecutora y las Ventanillas o los Módulos de Atención son los actores gubernamentales que interactúan con los solicitantes del apoyo. La cobertura es estatal por ello se requiere de la recepción, revisión y verificación de la documentación para que posteriormente se inicie la siguiente fase.

En la Fase 2, la Comisión Dictaminadora, como órgano colegiado, autoriza las solicitudes de apoyo con base en la vocación productiva. Como parte de la dictaminación, para las personas físicas se les solicitan datos tanto generales como específicos establecidos para cada uno de los *componentes* del Programa, pero en general se solicitan los siguientes datos: género, edad, estratificación del productor (acorde al diagnóstico FAO/SAGARPA), domicilio en municipio indígena o no indígena y el grado de marginación de la localidad donde el apoyo será aplicado de acuerdo con el Consejo Nacional de Población (CONAPO). Para las personas morales, establece requisitos similares, sólo incluye el número de socios. Se comunica el listado de solicitudes con tres posibles resultados: positivas con suficiencia presupuestal, positivas con insuficiencia presupuestal y dictamen negativo.

En la Etapa 3 Entrega del Apoyo para el *componente V. Impulso a la Apicultura Poblana*, las y los beneficiarios reciben y verifican los apoyos para que les sean entregados de conformidad con lo autorizado y se genera el acta Entrega-Recepción considerando el tipo de apoyo.

La Etapa 4 es la que documenta el seguimiento a la operación, y en particular, la instancia ejecutora desde el inicio hasta la conclusión de las actividades del Programa está activa. También elabora el informe final y apoya el cierre finiquito correspondiente.

De manera particular, el gobierno estatal enfatiza la incorporación de la perspectiva de género y el respeto a los derechos humanos de grupos que se encuentren en situación de vulnerabilidad propiciando las condiciones que disminuyan las brechas de desigualdad social (Secretaría de Gobernación, 2022).

1.8 Implementación

El subsecretario de Producción y Productividad Primaria, el Mtro. Sergio Zepeda, sobre el impulso a la apicultura poblana explica la dinámica que se genera ya en la implementación considerando el tipo de apoyo del *componente*. En el tema apícola:

> Le metemos cajones, lo que son los cajones con sus alzas para que alguien que ya tiene abejas pueda crecer. Le metemos cajones con alzas, con bastidores, que están equipados para que ya puedan empezar ahí a formar una nueva colmena o nuevas colmenas porque le damos hasta 20 cajones a una misma persona (Zepeda, 01/03/2023). Lo que permite que cada productor tome el recurso y lo aplique conforme sus necesidades, su producción, la innovación y la orientación por parte de la Subsecretaría porque no son soluciones generalizadas puesto que atienden a las particularidades de la producción. Dentro del equipamiento, se les otorgan también otro tipo de herramientas: "[…] extractores de miel de diferentes tamaños, dependiendo del tipo de productor, hay diferentes tamaños de extractor de miel y también diferentes mecanismos: eléctricos y manuales" (Zepeda Rodríguez, 01/03/2023).

Si bien los productores y el gobierno optan por equipar con los mejores equipos, los automáticos o modernos son adecuados conforme se establecen los criterios y basados en la experiencia de los apicultores como lo indica el subsecretario Zepeda:

> Hay productores que les conviene manual porque extraen la miel en el campo, hay productores que pueden transportar sus alzas, sus bastidores y hacer el mismo barrido que tienen de proceso, y ellos a lo mejor les conviene eléctrico. Entonces hemos roto con este tema de que yo a un productor le beneficio con lo que más valga. No señor, te beneficias más con lo que necesitas que con lo que más valga porque eso que necesitas te da la oportunidad de crecer en tu proceso productivo (Zepeda, 01/03/2023).

Estas decisiones que se toman en la etapa de la implementación muestran en la práctica que los equipos más caros no siempre aseguran la productividad, en el caso de los productores locales la participación de los representantes del gobierno al ser expertos en el área, orientan a los productores a que elijan lo que es conveniente para su técnica, su experiencia y su contexto; se evita que las compras o las herramientas sean las costosas si no les apoyan en su dinámica de trabajo.

Además, la producción apícola es una de las más importantes a nivel estatal y nacional porque no sólo es para consumo local, Puebla y sus municipios que tienen esta vocación productiva, abonan a la exportación de la miel y sus derivados: "[…] es muy importante el tema apícola, es muy importante por la rentabilidad, por la importancia que tiene en el estado la producción de miel, pero también es muy importante como polinizador" (Zepeda Rodríguez, 01/03/2023).

En cuanto al apoyo a los insumos apícolas, se incluyen innovaciones y adecuaciones favorables para la producción, en algunos casos, convencer a los productores de modernizar sus prácticas, si bien es un reto, también tiene beneficios, por ello el personal de la Subsecretaría de Producción y Productividad Primaria informa a los productores de procedimientos y alternativas aplicables a las colonias de abejas, en este caso, para la alimentación en temporadas necesarias para la floración:

> […] un alimento que metemos que es novedoso y que realmente requiere de mucho criterio para entenderlo es, estamos dando apoyos a la alimentación, damos bultos de azúcar, hasta una tonelada de

azúcar a un productor para que pueda mantenerlos en la época, en las épocas como ésta que no hay floración. Y entonces mantiene el nivel de su colonia, mantiene la productividad de su colonia y de esa manera cuando llega la floración su colonia está viva, está ágil y está lista y puede mantener él mismo, su producción y su flujo de la miel, pero sobre todo la mantiene sana, completa. Para que cuando venga la cosecha, sus núcleos sean núcleos fuertes que puedan aprovechar lo que hay afuera de la floración (Zepeda Rodríguez, 01/03/2023).

El tipo de apoyos que este *componente* se enfoca a la apicultura, se diseñaron ante las necesidades detectadas en los foros ciudadanos y con las recomendaciones generadas por expertos en el sector. Además, los beneficios que son evidentes en el cuidado de las colonias, la producción de miel, la comercialización de sus productos; se canalizan también en la mejora de las condiciones de vida de los productores porque mejoran la productividad, están atentos a las adecuaciones o recomendaciones que los técnicos de la Secretaría les brindan, les sugieren los métodos adecuados para su forma de trabajo. Las acciones son concretas y a la par, buscan un desarrollo integral como lo describe el subsecretario Zepeda:

Con mucho gusto de compartirles en verdad los invitamos a que lo constaten ahorita tenemos, bueno, tenemos casi todos los días entregas, conozcan, vean el perfil que estamos atendiendo, vean cómo se va segmentando el perfil del productor dependiendo de los bienes y vean la manera en cómo éste lo recibe y entiende rápido lo que significa la transformación de su unidad con un bien de este tipo. Y al ser beneficiario un año, no los limita para que el siguiente año les podamos beneficiar con otro tipo. Lo único que limitamos es que sea el mismo bien ¿si? Mismo bien en 2 años, no. Pero al siguiente año puedes participar en otro, en otra convocatoria, en otro proceso y la verdad es que cada día tenemos más apoyos y estamos beneficiando a más personas. A eso los invito, revísenlo, conózcanlo y compártanos también lo que desde su perspectiva van conociendo.

Los esfuerzos y las acciones se coordinan con la planeación anual y las experiencias de los productores los motivan a que los siguientes años apliquen en el mismo Programa de *Recuperación del Campo Poblano* en otro *componente* y los aprendizajes se suman a la búsqueda por apoyos específicos del sector y con la finalidad de mejorar la calidad de vida de la ciudadanía. Son temas que permanecen con el cambio de administraciones y con las acciones de la Secretaría y las respectivas unidades de apoyo y atención se han concretado iniciativas, mejorado prácticas, replicado estrategias, formalizando la presencia de instituciones altamente especializadas que asesoren y guíen a los productores poblanos.

1.9 Difusión

La Secretaría de Desarrollo Rural antes de lanzar formalmente la convocatoria para que los solicitantes conozcan los programas y los rubros de apoyo; espera la publicación en el Periódico Oficial del Estado de Puebla de las reglas de operación correspondiente al ejercicio fiscal vigente. A partir de ese momento, se instruye y se comunica al interior de la dependencia a las Subsecretarías y Direcciones correspondientes para que se inicie con la difusión. El primer medio es el digital, a través del portal institucional de la Secretaría. Genera una versión abreviada de la convocatoria para fines de publicación y divulgación que se utilizan en las ventanillas o módulos de atención que se encuentran estratégicamente ubicados en 21 zonas para que los productores de los municipios del estado puedan aplicar a este apoyo.

De esta forma se atiende a la población que no tiene acceso a medios digitales o que les resulte conveniente asistir a estos lugares donde pueden recibir información de las reglas, requisitos y si es necesario, asesoría operativa para cumplir con los lineamientos generales aplicables al *componente V. Impulso de la Apicultura Poblana*. La convocatoria puede ser difundida a través de medios impresos, convencionales y digitales. La difusión en ventanillas aplica también para el listado de solicitudes dictaminadas como positivas con suficiencia presupuestal, positivas sin suficiencia presupuestal y con dictamen negativo.

1.10 Toma de decisiones

En este Programa de *Recuperación del Campo Poblano* y en el *componente V. Impulso de la Apicultura Poblana*, se han integrado las necesidades, propuestas y estrategias que los productores y las productoras han señalado, ya en el diseño, la gestión y en particular la toma de decisiones es jerárquica con actividades bien establecidas y definidas para la operación de todo el *componente.* Esto ha permitido que las decisiones sean informadas, guiadas y con asesoría puntual en tema apícolas, con el propósito de entregar apoyos, proporcionar asistencia y capacitación en lo que se requiere no sólo como una forma de captar fondos públicos sino de realizar acciones concretas enfocadas a la producción apícola.

1.11 Evaluación

La evaluación del *componente V. Impulso a la Apicultura Poblana* se realiza en la última fase de la operación del Programa. Si bien hay fases de supervisión, éstas no permiten mejoras en la gestión del proyecto sino en la forma en que se aplica el recurso. La Unidad Responsable es la encargada de dar seguimiento a la operación de los *componentes* con apego a la normatividad vigente, la instancia ejecutora es la que mantiene el contacto directo con los beneficiarios durante todo el tiempo que esté vigente el Programa y es quien elabora el reporte final que es parte del cierre finiquito del mismo. En este Programa ni en su *componente* se incluye como opción la función de contraloría social.

1.12 Conclusiones

Las actividades apícolas realizadas en el estado de Puebla le han permitido tener una presencia nacional e internacional en mercados con alto valor y potencial de crecimiento. Las y los productores poblanos se organizan en la mejora de sus capacidades y en la comercialización de los productos, de manera específica en mantener sanas las colonias y una floración, con los apoyos del *componente V. Impulso de la Apicultura Poblana*, a través de insumos, material genético, equipamiento y capacitación se refuerzan sus actividades. Las adecuaciones y recomendaciones implementadas así como la forma en que los productores reciben el apoyo también es una forma de constatar cómo la transformación de su unidad productiva representa beneficios para la comunidad y su calidad de vida.

Fuentes consultadas

Gobierno del Estado de Puebla (2021a). *Manual de Organización de la Secretaría de Desarrollo Rural*. Secretaría de Gobernación, Gobierno del Estado de Puebla. Orden Jurídico Poblano. https://bit.ly/42nAg42

Gobierno del Estado de Puebla (2013). *Ley Ganadera para el Estado de Puebla*. Secretaría General de Gobierno, Gobierno del Estado de Puebla. https://bit.ly/42cfmVA

Gobierno de México (2021). Puebla, octavo producto de miel a nivel nacional. *Representación Agricultura Puebla: Publicaciones Recientes*. Gobierno de México https://bit.ly/428HZ6a

Gobierno de Puebla (2019). *Programa Sectorial: Desarrollo Rural 2019-2024*. Instrumentos Derivados del Plan Estatal de Desarrollo 2019-2024. Gobierno de Puebla. https://bit.ly/41KYIg7

PED (2019). *Plan Estatal de Desarrollo del Estado de Puebla 2019-2024*. Gobierno del Estado de Puebla. https://bit.ly/3lP33z1

Secretaría de Gobernación (Noviembre 30, 2022). Reglas de Operación de los Programas para el Campo Poblano. Gobierno del Estado de Puebla. *Orden Jurídico Poblano*. https://bit.ly/40unT65

Secretaría de Gobernación (Agosto 16, 2021). Reglas de Operación del Programa Recuperación del Campo Poblano. Gobierno del Estado de Puebla. *Orden Jurídico Poblano*. https://bit.ly/445ZC8n

Fuentes orales

Hernández Fernández, Óscar (2023). Doctor en Economía Agrícola. Subsecretario de Desarrollo Rural de la Secretaría de Desarrollo Rural en el estado de Puebla. Entrevista en profundidad realizada el 1 de marzo de 2023 en sus oficinas.

Zepeda Rodríguez, Sergio (2023). Maestro en Ciencias. Subsecretario de Producción y Productividad Primaria de la Secretaría de Desarrollo Rural del estado de Puebla. Entrevista en profundidad realizada el 1 de marzo de 2023 en sus oficinas.

Presencia de los supuestos del enfoque de políticas públicas en los componentes de la macropolítica Fortalecimiento del Campo Poblano a manera de consideraciones finales

FRANCISCO JOSÉ RODRÍGUEZ ESCOBEDO[1]
MIRIAM FONSECA LÓPEZ[2]
ROMÁN SÁNCHEZ ZAMORA[3]
SALVADOR CERVANTES CAJICA[4]

El enfoque de política pública surge en la década de los años cincuenta del siglo pasado con los trabajos rigurosos, pioneros e innovadores de Harold Lasswell en los Estados Unidos, el primer texto que se conoce sobre la nueva disciplina fue el trabajo titulado *La orientación hacia las políticas*, el texto intenta responder a la interrogante de cómo se toman las decisiones directivas del gobierno y su efectividad. En México la tecnología de gobierno entendida como política pública se revalora cuando en el país se suscita la crisis del Estado benefactor y dicha discusión se mantiene vigente y con una gran actualidad dado que busca resolver problemas públicos delimitados, tomando en consideración el uso

---

1 Doctor en Ciencias Socioeconómicas por el Colegio de Postgraduados, Campus Estado de México. Director del Instituto de Ciencias de Gobierno y Desarrollo Estratégico de la BUAP. Miembro del SNI, Nivel I.

2 Doctora en Sociología por el Instituto de Ciencias Sociales y Humanidades de la BUAP. Profesora investigadora del Instituto de Ciencias de Gobierno y Desarrollo Estratégico de la BUAP. Integrante del SNI, Nivel I.

3 Doctor en Administración Pública por el Instituto de Administración Pública del Estado de Puebla. Profesor investigador del Instituto de Ciencias de Gobierno y Desarrollo Estratégico de la BUAP. Miembro del SNI, Nivel I.

4 Estudiante del doctorado en Ciencias de Gobierno y Política del Instituto de Ciencias de Gobierno y Desarrollo Estratégico de la BUAP.

racional y óptimo de los recursos públicos y la búsqueda incesante de legitimidad política, componentes esenciales de la nueva gobernanza en escenarios como los actuales de competencia política real, pluralidad, apertura económica, transparencia y rendición de cuentas.

El corolario del análisis conceptual sobre el enfoque de política pública abordado en la primera parte de este texto, conduce a la proposición de algunas consideraciones finales.

En primer lugar, es necesario advertir que el ambiente en el que se pueden desarrollar las políticas públicas es única y exclusivamente en las democracias; en Estados autoritarios es impensable e inadmisible operar por políticas públicas, por ello la necesidad de cambiar ciertas prácticas políticas para posibilitar que en México se puedan implementar con posibilidades reales de éxito.

El objetivo de cualquier política pública debe ser resolver problemas públicos acotados, la complejidad de la realidad social mexicana hace necesario el concurso de diversas disciplinas de la ciencia para lograrlo, esta es la razón por la cual se insiste en concebirlas con un carácter multidisciplinario.

Las demandas básicas que sobre las políticas públicas se tienen por un lado son ser eficientes, es decir, que alcancen sus objetivos al menor costo posible junto con ello, ser democráticas, esto es, que se tomen en cuenta los intereses y aspiraciones de los afectados o en su caso de los beneficiarios, para que desde el poder se posibilite la participación de aquellos sectores sociales sobre lo que recae la política pública.

En cuanto a las etapas de las políticas públicas es necesario aclarar que ésta sólo se realiza para fines de análisis ya que no se trata de un proceso lineal ni necesariamente secuencial de modo que una etapa puede ocurrir antes que otra o varias de ellas pueden llevarse a cabo de manera simultánea.

Es necesario advertir también que la política pública es una tecnología de gobierno que intenta dar respuesta a la falta de eficiencia y racionalidad del aparato gubernamental frente a las demandas sociales en un contexto de complejidad social, de pluralidad y de cambios turbulentos propios del modelo de globalización actual.

Los problemas que abordan las políticas públicas son construcciones colectivas cuya resolución depende más de una definición que de una selección del problema, se trata finalmente de un proceso de toma de decisiones.

Las políticas públicas se desarrollan a lo largo de un proceso que involucra cuatro etapas: incorporación a la agenda de gobierno, ésta depende de la convergencia apropiada de personas, soluciones, y oportunidades de elección, es un proceso más bien complejo y en muchas ocasiones hasta desordenado.

La segunda etapa del proceso de política pública es la hechura o formulación de la política, ésta se debe entender como la fase en la que se determinan objetivos, se analizan alternativas, se evalúan consecuencias, se reciben presiones de grupos externos, se negocia con ellos y con los diversos sectores de opinión divergentes para llegar finalmente a una decisión que define la política.

La etapa de implementación, tercera etapa del proceso, es una secuencia de acciones que tienen por objeto llegar a resultados determinados, es la prueba fundamental de las políticas públicas, porque es un proceso donde concurren capacidades, organización, información, tecnología e inventiva heurística para llevar a cabo aquello que se ha decidido cumplir, sin embargo, es también el punto crítico de la obsolescencia gubernamental ya que implica en la práctica la baja calidad de transformar objetivos en resultados satisfactorios.

Básicamente el problema de la implementación se debe a cuatro situaciones: a) a problemas en el diseño o en la evaluación posterior a su puesta en marcha, b) a la insuficiencia de recursos gubernamentales para lograr resultados, c) a las limitaciones impuestas por el marco normativo, y d) a la ausencia de un diseño correcto de las organizaciones que implementan las políticas o incluso a una combinación perversa de estas cuatro situaciones.

Por lo que toca a la cuarta etapa del proceso, esto es, a la etapa de evaluación de las políticas se puede decir que se trata de la actividad de comparar un determinado proceso o unos específicos resultados con propósitos u objetivos previamente establecidos o planteados, se trata finalmente de confrontar la validez de un determinado proceso.

Desafortunadamente en las evaluaciones de las políticas públicas que implementan los gobiernos en México en los tres órdenes se observa que todavía tienen un carácter hermético, carecen de rigor, son poco frecuentes y cuando se realizan son para consumo interno y no público, lo anterior limita la labor de medición de impactos que es el aporte más valioso de la fase de evaluación de políticas.

Es la segunda parte de este trabajo, referido a los estudios de caso, se pudo advertir que a pesar de que cada uno de los *componentes* analizados del Programa que se elige como estrategia para lograr el fortalecimiento del campo en Puebla tiene su propia dinámica de funcionamiento y particularidades, existe suficiente evidencia empírica que muestra aspectos problemáticos recurrentes que los distancian de lo que en la teoría se plantea como las premisas fundamentales de una política pública. Haciendo un esfuerzo de síntesis, se han distinguido algunas categorías para agruparlos tomando como base los planteamientos del enfoque de políticas públicas, así se ha propuesto su análisis a la luz del grado de participación ciudadana, de la forma en que se toman las decisiones, de la gestación, de la implementación, de la concepción que cada *componente* del Programa tiene respecto del ámbito público y de los criterios de evaluación, por considerar que se encuentran entre los postulados más importantes.

Participación ciudadana

El primer supuesto del enfoque de políticas públicas plantea que el Estado debe propiciar la participación y corresponsabilidad ciudadana en cuanto al diseño, implementación y evaluación de las políticas que se lleven a cabo.

La Estrategia de Desarrollo Rural instrumentada como *Programa de Recuperación del Campo Poblano* en sus 5 *componentes*: *Recuperación de la Cafeticultura, Reconversión Productiva para Cultivos de Alto Valor Comercial, Impulso Comercial de los Maíces Nativos, Impulso a los Sectores Pecuario y Acuícola* e *Impulso a la Apicultura* se fundamentó en la organización de 22 foros ciudadanos así como de mesas de trabajo por sector que se llevaron a cabo previos al diseño del Programa que se concibe como la Estrategia de Desarrollo Rural para la entidad y de la propuesta de sus objetivos y sus líneas de acción, se focalizaron los compromisos en la identificación de las ventajas de las regiones de la entidad, implementando programas de fomento productivo que buscaran mejorar la competitividad del sector, es decir, se buscó involucrar a múltiples actores sociales y políticos, lo cual evidencia que se abrieron espacios de participación para las y los diversos actores en esta estrategia de desarrollo.

Toma de decisiones

Otro de los supuestos del enfoque de política pública señala que la toma de decisiones al interior de las políticas y los programas públicos deben ser cada vez más horizontales y abandonar de manera paulatina las decisiones verticales y autoritarias que distinguieron al sistema político mexicano desde su origen y hasta fechas muy recientes.

Por lo que se refiere al *componente Recuperación de la Cafeticultura* la toma de decisiones se da de manera vertical, de arriba hacia abajo, es decir, las decisiones se toman de manera jerárquica en lo referente a la gestión así como en relación con las atribuciones que tienen los funcionarios públicos encargados de la operación del *componente*.

Por lo que respecta al *componente Reconversión Productiva para Cultivos de Alto Valor Comercial*, la toma de decisiones es jerárquica y piramidal, las decisiones operativas, administrativas, se toman por parte de los funcionarios públicos responsables de la operación del *componente,* los roles están claramente especificados, así como la autoridad responsable de la ejecución.

Por lo que toca al *componente Impulso Comercial de los Maíces Nativos,* la toma de decisiones es también jerárquica con funciones institucionales que se establecen a nivel de la Secretaría de Desarrollo Rural y sus unidades de apoyo.

En lo que hace al *componente Impulso a los Sectores Pecuario y Acuícola,* la toma de decisiones es jerárquica, de arriba hacia abajo, en este *componente* los directivos públicos son los que establecen las pautas respecto a la estrategia que requiere la aplicación de apoyos para los sectores pecuario y acuícola, a los ciudadanos no se les incluye en la toma de decisiones.

Respecto al *componente Impulso a la Apicultura,* la toma de decisiones es también jerárquica con actividades bien definidas para la operación correcta y adecuada de dicho *componente,* lo anterior ha permitido que las decisiones se tomen de manera informada, guiada y con asesoría puntual en los temas apícolas, la intención que se tiene es entregar apoyos, proporcionar asistencia técnica y capacitación, no sólo como forma de captar recursos públicos por parte de las y los productores sino con la finalidad de realizar acciones concretas por parte de la dependencia enfocadas a fortalecer la producción apícola del estado.

Como se pudo constatar la toma de decisiones en todos y cada uno de los *componentes* que integran el *Programa de Fortalecimiento al Campo Poblano* es vertical y piramidal, de arriba hacia abajo sin posibilidad de retroalimentación por parte de otros actores involucrados en su funcionamiento, esta situación contraviene al supuesto de política pública que estipula que la toma de decisiones debe ser cada vez más horizontal, posibilitando la retroalimentación por parte de los diversos actores sociales que intervienen en la operación y funcionamiento de los programas públicos, sin embargo, esto no se advierte en el caso de los *componentes* que integran el *Programa de Fortalecimiento del Campo* en Puebla.

Evaluación

La evaluación es la última de las etapas que señala el enfoque de políticas públicas, ésta es indispensable para medir los impactos sociales de los programas públicos y para realizar los ajustes necesarios para su mejoramiento y consolidación. Se pueden señalar tres momentos en que se pueden realizar las evaluaciones, al principio de su operación (evaluación *ex ante*), durante el proceso de desarrollo de la política pública (evaluación concomitante) y, al finalizar la política pública a través de una evaluación también conocida como *ex post.*

Por lo que hace al *componente Recuperación de la Cafeticultura* la evaluación es primordialmente *ex post* porque se lleva a cabo al final de la implementación del *componente,* en ella se involucra a la unidad responsable que es la Dirección de Agricultura que depende de la Subsecretaría de Producción y Productividad Primaria, si bien cuenta con una etapa de seguimiento, evaluación y cierre que conllevan dos reportes, uno referido a la primera entrega del recurso y otra en lo que respecta a la elaboración final que podría considerarse como una evaluación concomitante o de seguimiento, sin embargo, ésta no está facultada para realizar ajustes sobre la marcha, al *componente* se le hace también una evaluación interna que funciona como una evaluación de seguimiento y una externa donde se realizan auditorías para constatar que los recursos públicos que se ejercieron se sujetaron a las reglas de operación del Programa y con ello garantizar la transparencia en el ejercicio fiscal del mismo.

Por lo que concierne al *componente Reconversión Productiva para Cultivos de Alto Valor Comercial* la evaluación se realiza por parte de la Secretaría de Desarrollo Rural en la etapa de seguimiento, evaluación y cierre, en la etapa de seguimiento se verifica que en el proceso de implementación del *componente* se cumpla con lo estipulado por las reglas de operación, a través de la instancia ejecutora, se da seguimiento a las acciones hasta la conclusión final de las actividades de reconversión productiva para los cultivos que se designen, la intención que se tiene es la agregación de valor.

La evaluación del *componente* se realiza al finalizar el Programa, se trata de una evaluación *ex post*, éste se evidencia con la documentación y validación del recurso distribuido entre sus respectivos apoyos para las y los productores.

En lo que toca al *componente Impulso Comercial de los Maíces Nativos* la evaluación se realiza a través de la validación de los recursos disponibles, se genera un seguimiento institucional por parte de la Subsecretaría de Producción y Productividad Primaria, principalmente en la operación y aplicación de los apoyos en las zonas productoras o con la población que los ha solicitado, el seguimiento es técnico operativo, el tipo de evaluación que se realiza en la Secretaría de Desarrollo Rural es de tipo *ex post*, ésta se realiza al término de la operación del *componente*, es decir, al final del ejercicio fiscal.

Por lo que se refiere al *componente Impulso a los Sectores Pecuario y Apícola*, la evaluación que se realiza a nivel estatal es también de tipo *ex post*, es la forma de atender y validar los logros del Programa, la revisión se da por parte de la instancia ejecutora que se apoya con la evidencia obtenida que se usa como respaldo documental hasta la conclusión de las actividades.

En lo que hace al *componente Impulso a la Apicultura*, si bien existen fases de supervisión, éstas no permiten mejoras en la gestión del *componente* sólo en la forma en que se ejerce el recurso, la unidad responsable es la encargada de dar seguimiento a su operación, y en estricto apego a la normatividad vigente, la instancia ejecutora es la que mantiene contacto directo con las y los beneficiarios del Programa y es quien elabora el reporte final que es parte del cierre finiquito del mismo. Es importante señalar que ni en el Programa ni en el *componente Impulso a la Apicultura* se incluye como opción de evaluación a la contraloría social.